AF500746

CHAMBRES DÉPARTEMENTALES.

De l'Impr. de CHARLES, rue Dauphine, n° 36.

CHAMBRES DÉPARTEMENTALES

CONSIDÉRÉES

COMME MOYEN D'ARRÊTER TOUTE USURPATION SUR LA PUISSANCE LÉGITIME,

ET DE RÉTABLIR LA LIBERTÉ CONVENABLE AUX COMMUNES,

SUIVI

DE QUELQUES OBSERVATIONS SUR DIFFÉRENS SUJETS D'ADMINISTRATION ET DE POLITIQUE;

PAR J. DAUDEBARD DE FÉRUSSAC,

Chef de bataillon, ex-Sous-Préfet, membre de plusieurs Sociétés savantes.

A PARIS,

CHEZ LATOUR, LIBRAIRE, AU PALAIS-ROYAL, 2e COUR.
DELAUNAY, LIBRAIRE, GALERIE DE BOIS.
PÉLISSIER, LIBRAIRE, 1re COUR.

1816.

DES CHAMBRES

DÉPARTEMENTALES.

Après une longue suite de révolutions diverses, la France paraît se trouver aujourd'hui au moment de goûter le seul bien qu'elle a pu retirer du choc de toutes les opinions, l'établissement d'un gouvernement dont les bases sont en harmonie avec l'état moral actuel de la nation. Mais les élémens de discorde qui, par leur lutte, ont retardé cet établissement, subsistent encore en partie. On peut donc craindre jusqu'à un certain point des réactions diverses contre l'action légale de ce gouvernement. Cette crainte ne paraîtra certainement pas sans fondement au sortir d'une dernière commotion qui a réveillé des idées que leur monstruosité faisait croire anéanties. Il en est de même de cet esprit de vertige qui a caractérisé la nation depuis près de trente ans, et qui a prouvé combien les passions peuvent aveugler les individus de toutes les classes sur leurs intérêts les plus chers : il n'est pas étouffé. La France est encore divisée d'opinion, ou, pour mieux dire, d'intérêt. Beaucoup voudraient de nouveaux désordres, par un espoir vague et éloigné d'en tirer parti ; deux grandes portions se disputent les honneurs et le crédit, et de quelque côté que penche la balance, les choses seront toujours parfaites pour celle qui l'emportera ; un bien petit nombre est raisonnable (1). C'est au milieu de ces circonstances difficiles que le Roi, à la tête d'un gouvernement auquel personne n'est encore façonné, est obligé de maintenir l'équilibre, non seulement entre les intérêts individuels, mais aussi dans les mesures des agens de toutes les espèces, afin de conserver l'empire des lois et des constitutions, qui doit dominer également toutes les opinions. Dans un état si voisin des frottemens, si exposé aux diverses réactions, l'on peut et l'on doit

(1) En résumé, l'on peut avancer comme un fait, qu'à l'exception de quelques esprits prévenus, la masse de la nation est d'accord sur les principes ; on ne dispute vraiment que pour la puissance. Il semble donc que tout se réduirait, pour rétablir l'union, à faire une juste répartition du crédit et des honneurs entre les individus également méritans.

craindre plusieurs genres d'usurpation sur la puissance légitime Nos conquêtes passées et l'esprit de guerre que nous avons répandu chez tous les peuples de l'Europe, ont pu y laisser le désir de nous subjuguer à leur tour. Dans l'intérieur, les partis opposés peuvent tendre à se dominer mutuellement en s'emparant du pouvoir sur l'autorité reçue. Enfin les habitudes contractées dans les gouvernemens divers qui nous ont conduits depuis un demi-siècle, peuvent provoquer aussi un autre genre d'usurpation, celui de l'autorité légitime sur les constitutions établies (1). C'est pour prévenir ou du moins diminuer la possibilité de ces usurpations, et les repousser si elles avaient lieu, que j'ai voulu examiner si l'on pourrait créer une organisation intérieure telle que l'opposition la plus efficace et la réaction la plus forte s'élèvent subitement au besoin, soit dans la partie, soit dans l'ensemble, contre toute usurpation partielle ou générale sur la puissance légitime. J'ai cherché aussi à étudier les modifications

(1) Personne ne se méprendra, j'espère, on ne peut m'accuser de penser à l'autorité supérieure dont les principes sont si opposés à toute usurpation ; mais le despotisme nous a laissé des habitudes et des théories contre lesquelles nous ne paraissons pas en mesure.

que nos institutions principales seraient à même de recevoir pour tendre toutes vers ce but important ; enfin j'ai cru devoir signaler certaines attributions qui m'ont semblé n'être point en harmonie avec la législation actuelle, et former même de véritables usurpations sur des pouvoirs dont elles ne dépendent pas.

Sauve-garde du souverain contre les entreprises des passions comprimées, cette organisation serait aussi la garantie de l'ordre et de la tranquillité publique contre toute insurrection locale ou infraction aux lois, qui demanderaient une prompte et vigoureuse réunion de moyens. J'espère que mes réflexions seront utiles, en appelant l'attention des hommes d'état sur des principes parfois oubliés. J'aurai grand soin de distinguer ce que la théorie promet, de ce que la pratique peut adopter : je sais combien il y a loin de l'une à l'autre ; mais lorsque les principes de toutes les deux peuvent s'accorder, on doit croire que l'on a obtenu la perfection de son projet. Je chercherai donc à m'approcher le plus possible de cet heureux accord ; et pour y parvenir, je vais examiner rapidement les principes théoriques de la puissance légale, d'où provient toute autorité légitime, afin d'apprécier la résistance qu'elle peut offrir par elle-même à l'usurpation, et d'abord à la révolte qui la précède dans tous les cas. J'essaierai ensuite, d'après la connaissance de ces principes et de ce qu'ils indiquent de praticable, de tracer l'organisation demandée pour arrêter cette usurpation, lorsque l'action ordinaire des lois est insuffisante.

La loi, dans un gouvernement où la monarchie *est tempérée par la représentation des intérêts divers de la nation*, *étant l'expression des besoins communs*, le principe de sa puissance se trouve dans les volontés de la grande majorité des individus qui composent la société. Or, ces volontés étant déterminées par le sentiment de la conservation individuelle et sociale, on conçoit facilement qu'il ne peut exister aucune puissance capable de balancer l'action qu'exercent ces volontés réunies, *toutes choses égales d'ailleurs*. J'entends par cette égalité la même valeur dans les moyens physiques d'action et de réaction que peuvent employer les volontés opposées d'intérêts, ainsi que dans la force morale qu'elles peuvent déployer en sens contraire; ce qui revient à dire, en d'autres termes, *que le principe de la puissance de la loi dans le gouvernement* dont il s'agit, *se trouvant dans la grande majorité des volontés parmi des individus également susceptibles de s'armer et de montrer du courage pour ou contre la loi, aucune autre force ne peut balancer l'action de cette supériorité*, ce qui est facile à comprendre.

Dans la monarchie absolue, au contraire, la loi est *l'expression des vues du souverain;* et comme le principe de sa puissance se trouve dans des considérations morales et religieuses que la démoralisation et l'irréligion rendent nulles (1), les volontés d'une portion de la société révoltée suffisent matériellement pour vaincre la loi. Aussi, à mesure que les mœurs et la religion ont perdu de leur influence dans les monarchies, les monarques ont senti la nécessité de créer une puissance capable de sup-

(1) On sentira facilement toute la vérité de cette assertion; ce principe de force se trouvait en effet pour la France par exemple, dans le respect dû à la religion et à ses ministres, formant comme corps dans l'État, une véritable puissance modératrice entre le peuple et le souverain, sauve-garde de l'autorité de l'un et de la liberté et des droits de l'autre. Aussi la monarchie y a-t-elle d'autant plus incliné vers la révolution, que le clergé a perdu de son influence. Ce principe se trouvait encore dans l'honneur et les idées reçues qui faisaient une loi suprême de l'obéissance au souverain.

pléer au peu de force du principe d'énergie de la loi dans ce gouvernement : c'est ce qui a fait inventer *la milice nationale aux ordres du souverain*, *et la garde permanente autour de sa personne* (1), parce que l'autorité royale avait besoin d'une force absolument obéissante, mobile, constamment disponible, pour appuyer ses lois et assurer la tranquillité publique. L'honneur, principe essentiel de ce gouvernement, faisait d'ailleurs *particulièrement* à cette force, presque toute entière dans les mains de la noblesse, un précepte suprême de l'obéissance au Roi, qui, étant spécialement nanti du pouvoir exécutif, était, par le fait, le seul qui pût lui donner des ordres et la diriger. Ainsi la loi, dont le principe de puissance se corrompait chaque jour dans la monarchie absolue, par l'abus de l'honneur et la perte des mœurs et de la religion, avait son action assurée, en cas de nécessité, par la force militaire : et dès-lors l'urgence de cet appui a été proclamée comme un axiome applicable à tous les gouvernemens. Dans celui-là, sans doute, on

---

(1) Ce fut comme l'on sait Ferdinand v, *dit le Catholique*, Roi d'Aragon, qui inventa ce système, rendu si onéreux par Louis xiv et Louvois, et si meurtrier et si tyrannique par Bonaparte.

peut dire que *la puissance physique de cette force et l'effet moral qu'elle produit*, étant les moyens les plus puissans pour réparer l'inégalité qui se trouve entre le Roi dictant seul la loi, et une certaine portion de la masse s'y opposant, cette puissance devient par-là la véritable institution conservatrice pour l'action des constitutions; mais dans la monarchie représentative, où chacun est, par le fait, plus ou moins disposé et intéressé à soutenir activement la loi, sauve-garde de tous, et à la formation de laquelle tous coopèrent par des représentans, la force militaire ne peut et ne doit point y être considérée comme l'appui indispensable de son action, puisque celle-ci est assurée par la grande supériorité matérielle qui existe entre la presque généralité faisant la loi, et la minorité qui pourrait s'y opposer. Ainsi, sans donner à cette observation une extension trop étendue, on conviendra qu'elle établit entre les deux gouvernemens une différence majeure dans le principe de puissance de la loi; de sorte que s'il ne fallait point entretenir des troupes réglées pour se garantir de l'invasion, la garde nationale devrait être la seule force armée dans la monarchie représentative : la force militaire ne peut donc y être regardée que comme formant une partie mineure de ce principe, mandataire de la totalité des volontés qui le composent, pour former une force mobile, active, détachée temporairement de la masse, et mise aux ordres du souverain, afin de protéger la société, et de faire respecter au besoin ses lois et son territoire par les étrangers.

L'état d'égalité que j'ai précisé dans la force des moyens physiques et moraux des volontés pour ou contre la loi, constitue la marche habituelle et paisible des choses où la majorité en sa faveur existe naturellement. C'est sous l'influence de cette majorité que la loi, qui en est l'expression, comprime ou détruit, par sa propre force, la minorité qui s'élève contre son action : de sorte que l'on peut dire qu'elle se suffit à elle-même dans cet ensemble de circonstances, par la surveillance des tribunaux et des différentes autorités chargées d'assurer son exécution, et qu'alors la conservation de cette action est et doit être dans la nature même de la loi.

Mais dans une situation opposée et qui constitue l'état de troubles, lorsque l'inégalité s'établit, soit au moral, dans la force de l'action ou de la réaction, soit au physique, dans les moyens employés par les volontés opposées ;

c'est-à-dire, quand les moyens de la partie révoltée augmentent tellement qu'ils peuvent vaincre ceux de la masse fidèle, comprimer les volontés générales et arrêter l'action de la loi ; ou bien lorsque cette masse inerte ou timide se laisse dominer par quelques audacieux; c'est alors qu'une *institution conservatrice* est absolument nécessaire pour procurer à la majorité un supplément de force active pour s'opposer à la révolte ou pour présenter subitement une réunion de forces morales susceptibles d'arrêter les progrès de la domination et de réveiller l'énergie de la masse.

Examinons plus particulièrement ces différentes situations d'*inégalité précisée*, où l'action de la loi peut être dominée, cela nous donnera l'idée de toutes les espèces de révolte possibles.

Aucune puissance ne peut être supérieure par ses moyens physiques, dans l'intérieur d'un état, à la force militaire, qui est au besoin aux ordres de la loi ; car aucune autre ne peut s'élever à côté d'elle pour la dominer et maîtriser le reste de la nation. J'entends par les moyens physiques l'organisation militaire, l'armement constant et l'obéissance passive à des chefs immédiats qui pourraient eux-mêmes embrasser la révolte et employer la force armée contre ses propres intérêts. On ne peut supposer l'action des lois arrêtée par une force de cette nature, qu'en admettant la révolte de la force militaire elle-même. Or, indépendamment des motifs de tranquillité qu'elle présente dans un temps de repos où elle est disséminée, où la discipline s'établit et se consolide chaque jour sous la surveillance des autorités militaires et civiles, voici le singulier avantage que la monarchie représentative procure contre l'abus de cette force : c'est qu'elle n'agit qu'au nom de la loi, organe des volontés générales de la société sanctionnées par celle du Roi, qui fait mouvoir cette force pour l'exécution de cette loi dans les cas extrêmes ; de sorte que tant qu'elle sera nationale, non seulement l'armée ne soutiendra pas la révolte, mais elle agira pour la partie de la société timide ou apathique, dans le sens de la loi et pour la loi, contre cette révolte, parce que cette partie mineure de la population ne peut se révolter contre le gouvernement et la nation toute entière ; tandis que dans la monarchie absolue, on conçoit facilement que la force militaire peut se révolter contre la loi et le souverain. Tout gît donc à conserver l'esprit national de l'armée ; ce qui est facile dans le système représentatif, en fixant le service militaire à un temps court et limité, et le rendant obligatoire pour tous les individus, étant tous également intéressés à la sûreté du territoire.

Cependant toutes ces garanties ne devant point arrêter les précautions contre tous les cas possibles, on peut supposer celui où cette armée serait *dénationalisée* par de longues guerres hors de la patrie, qui auraient changé ses intérêts particuliers en détachant son existence de la masse, ou bien celui d'une séduction qui, en ménageant ses intérêts les plus rapprochés, lui déguiserait les suites funestes que son adhésion à la révolte pourrait faire tomber sur elle. Dans ces deux circonstances supposées, le seul moyen de rétablir l'égalité dans les moyens physiques d'opposition, c'est de mettre sur pied la masse armée et organisée, en un mot la garde nationale (1). Ce moyen

(1) On m'objectera sans doute l'insuffisance de la garde nationale, contre des troupes réglées, indépendamment de la supériorité numérique qu'elle présente; je répondrai que cette force mise en mouvement par le sentiment de la conservation sociale, organisée comme elle doit l'être, est d'un effet moral extraordinaire, et d'un effet physique supérieur à celui de l'armée. D'ailleurs je suppose ici les choses dans un cas extrême.

violent, nécessité dans des occasions qui ne peuvent être que fort rares, et qui se présentent contre la nature même des choses dans la monarchie représentative, ne peut être envisagé comme la conservation directe de l'action de la loi, ainsi que la force militaire, dans la monarchie absolue. Dans le premier de ces gounernemens, ce moyen est commandé accidentellement par un événement extraordinaire; dans celui-ci, la force militaire est d'un emploi constant, parce qu'il peut arriver souvent que la volonté du Roi choque les intérêts individuels, *quoique pour le bien de la masse*, et que l'intérêt particulier l'emportant sur le général, il ne produise la révolte à cette volonté. Quand la masse est tombée dans l'apathie ou la lâcheté par suite de la prospérité et de la corruption, qui produisent la mollesse, ou par l'effet des révolutions et des guerres successives qui mènent à l'isolement des intérêts, à l'égoïsme absolu, et à cette fatigue morale qui fait envier et saisir toute situation quelconque de repos; c'est alors que l'inégalité dans la force morale d'action des volontés opposées est prodigieuse, et que le principe de puissance de la loi est par cela même fort affaibli, selon que les volontés de la majeure partie qui la compose conservent plus ou moins d'énergie. Dans cette position honteuse pour un état, la séduction ou l'audace d'un seul ambitieux peut asservir la nation toute entière. Indifférente pour ses lois et ses constitutions, chaque individu qui en est membre ne pense qu'à son existence personnelle, l'intérêt général n'est point écouté, l'honneur et tous les principes reçus sont sacrifiés pour maintenir son repos particulier et son aisance. C'est cependant l'époque des troubles intestins, des guerres civiles, et souvent celle que les états voisins attendent pour partager sans danger celui qui est ainsi affaibli. Alors tel attentat contre les lois, loin de soulever la masse, y trouve même des partisans, par l'espoir d'un commun bénéfice. Ainsi se forme une scission dans les volontés qui ont fait la loi et dans les moyens de repousser la révolte. Mais on peut heureusement calculer (quoiqu'il soit certain que l'on rencontrera plutôt l'audace pour le mal que pour le bien) que par la même raison de l'apathie de la nation à s'opposer à la révolte, celle-ci ne trouvera jamais qu'un petit nombre de partisans actifs pour la soutenir.

D'après tout ce que je viens d'exposer, on voit que dans la monarchie représentative le principe de puissance de la loi possède en lui-même une force supérieure provenant de la majorité des volontés qui la forme, et de la possibilité d'opposer à la révolte les mêmes moyens dont celle-ci pourrait se servir ; que par cette raison la loi soutient son action par sa propre puissance et la surveillance des autorités dans l'ordre habituel des choses, l'état de paix ; d'où il suit que pour soutenir cette action dans un ordre contraire, l'état de troubles, il suffit de maintenir l'égalité dans les moyens d'opposition à la révolte (1).

Mais comme l'état de paix entraîne une sorte d'inaction dans la généralité du principe de puissance de la loi ; que d'ailleurs la masse des volontés ne peut délibérer, parce qu'elle ne peut être également instruite des mêmes circonstances, et les juger également bien, qu'enfin la révolte et la domination ne peuvent ja-

---

(1) L'on m'objectera peut-être le cas d'une séduction plus ou moins générale dans les chambres, séduction qui pourrait déterminer des lois, qui bien que rendues en apparence dans les intérêts de la société, ne lui seraient pas moins contraire. Cette supposition est impossible et monstrueuse. Mais en l'admettant l'on verra que l'institution que je propose, serait encore le seul frein convenable pour arrêter toute sédition ou révolte qui pourraient suivre un semblable état vrai ou faux, s'il était senti ou supposé par une partie de la masse.

mais s'effectuer que partiellement et successivement : il faut que des portions vigilantes et vigoureuses des volontés législatives soient spécialement déléguées par l'ensemble de ces volontés pour présenter subitement *dans le cas de nécessité* et *dans les diverses parties du tout*, des réunions suffisantes de forces morales contre les volontés qui pourraient se révolter, réveiller l'énergie de la masse ou créer un supplément de moyens physiques qui rétablisse, au besoin sera, l'égalité de ces moyens entre les volontés opposées.

J'observerai à cet égard que la représentation de la puissance législative du Roi, doit avoir lieu, pour ces délégations locales, par un représentant actif qui en tempère la puissance. Nous verrons bientôt comment cette organisation pourrait se faire en conservant les rapports harmonieux des pouvoirs, sans diminuer celui du monarque, et sans étendre celui du peuple, toujours prêt à en abuser d'une manière alarmante pour la tranquillité publique.

C'est ce principe de force supérieure de la loi, dans la monarchie représentative, méconnu ou négligé par le sentiment de l'absence où de la faiblesse des institutions conservatrices qui a fait adopter en Angleterre la *sus-*

pension DE L'HABEAS CORPUS et en France *la mise en état de siége et les commissariats extraordinaires*, en un mot *la suspension des lois et des constitutions*. De sorte que pour repousser le désordre on autorise légalement en quelque manière la révolution la plus complète. Ainsi l'abus le plus étrange et le plus funeste a prévalu sur le principe le plus simple et le plus sacré d'où peut naître la véritable force dans un gouvernement de cette nature, *où le despotisme de la loi doit seul régner*. On conviendra de plus que ces mesures violentes ne peuvent et ne doivent point y être employées, étant l'attentat le plus complet et le plus prononcé que l'on puisse porter aux lois et aux constitutions dans ce système, et par conséquent l'acte le plus opposé aux besoins et aux volontés de la société. Suspendre ainsi les lois et les constitutions, c'est désorganiser l'édifice social pour le rendre victime d'une lutte dont les partis opposés sont également oppressifs ; c'est, en un mot, briser les liens du faisceau pour laisser pénétrer de toutes parts une force étrangère et tyrannique dans l'état. Rien d'ailleurs ne dénote davantage la faiblesse et la crainte dans un gouvernement que l'emploi de ces moyens extrêmes.

Dans la monarchie absolue, la mise en état de siége, la dictature partielle d'un commissaire extraordinaire, ne contrarient pas absolument les principes; car ce commissaire, ou le commandant militaire, ne sont réellement autre chose que la représentation, au point insurgé ou menacé, du gouvernement tout entier; c'est-à-dire un centre partiel des deux pouvoirs réunis sur la tête du roi, qui est le maître de se faire représenter, s'il le croit utile. Mais dans le système représentatif, si le rapprochement de l'action du gouvernement, dans des circonstances analogues, est nécessaire, sa représentation, pour ce rapprochement, doit être fondée sur les principes constitutifs de ce système. Hâtons-nous donc, en nous conformant aux maximes de celui qui nous régit aujourd'hui, de quitter l'application des principes de la monarchie absolue. Raisonnons d'après les temps et les lieux, sans quoi nos raisonnemens s'appliqueront à d'autres êtres. Pensons qu'en-deçà et au-delà de la ligne, nous pouvons rompre l'équilibre heureux qui donne la vie à l'état. Je ne prétends point discuter ici la bonté relative des deux sortes de gouvernement; mais je crois qu'il me serait facile de persuader que les anciennes institutions, devenues sans force pour des hommes nouveaux, la sagesse a voulu qu'on en adoptât de nouvelles; et il faut que les idées, les usages, les lois, l'éducation même, se plient et se forment à ce nouvel ordre de choses.

J'ai parlé selon les principes, j'ai exposé une théorie; après cela, je ne me dissimule point, et je sais par expérience, que dans l'application, ils ne donnent pas toujours des résultats parfaitement exacts aux calculs faits. Aussi je pense que l'on ne doit jamais espérer une rectitude mathématique, et que l'on ne peut atteindre qu'une bonté relative dans les institutions, considérées indépendamment des agens d'exécution, surtout lorsqu'on remarque qu'elles exercent leur action sur des êtres si variés dans leur caractère, et chez lesquels les élémens et les passions produisent encore des variations journalières : ce qui occasionne, par conséquent, des réactions impossibles à prévoir et à vaincre.

En résumant toutes mes idées, on trouvera que j'ai cru reconnaître, 1° qu'aucune force ne peut être supérieure à l'action de la loi dans la monarchie représentative, et que par conséquent le maintien de cette action offre la plus grande puissance pour s'opposer à la révolte et à l'usurpation, et pour les dominer; 2° *qu'il faut une institution conservatrice pour maintenir au besoin cette action ;* 3° *que pour y parvenir, cette institution doit être une organisation tendante à assurer constamment la supériorité morale et physique de la généralité de son principe de puissance sur les volontés opposées ;* 4° que pour obtenir ce but, *cette organisation doit présenter un ensemble de foyers d'observation, formés par des portions vigilantes et vigoureuses des volontés législatives, afin d'appuyer au besoin l'action de la loi, réveiller l'énergie de la masse, et créer tous les moyens nécessaires pour la maintenir.*

L'on peut en conclure que nous n'avons aucune institution vraiment conservatrice pour cet objet, et que si celle dont je viens d'indiquer la formation existait, ces foyers d'observation et de mouvement semblent présenter, par l'appui qu'ils doivent fournir à cette action, la véritable organisation cherchée pour s'opposer fortement à la révolte et à toute usurpation sur la puissance légitime; et pour produire une réaction qui tendrait à rétablir les choses dans l'état habituel d'ordre et d'harmonie.

Application des principes qui viennent d'être développés, dans leur accord avec les préceptes consacrés par l'expérience.

Avant d'entrer dans aucuns détails sur l'organisation de l'institution que je viens d'indiquer pour appuyer l'action de la loi, et par conséquent pour repousser l'usurpation de la puissance, examinons comment peut s'effectuer cette usurpation, afin de connaître parfaitement les moyens qu'on pourrait lui opposer. Dans le cas d'*inégalité* dont j'ai précisé les caractères, et où l'action de la loi est compromise par la faiblesse des moyens qui doivent la soutenir, l'autorité peut être usurpée par suite d'une révolte, soit au siége même du gouvernement, soit dans quelqu'une de ses parties : dans la première supposition, l'état peut être victime d'une conspiration qui, en éclatant au centre même de son organisation politique, détruit cette organisation, renverse et remplace le pouvoir légitime, et arrête l'exercice légal des lois et des constitutions dans toute son étendue ; dans la seconde hypothèse, il est simplement menacé avec plus ou moins de danger ; ce qui occasionne dans les parties usurpées la suspension de l'action du gouvernement.

L'usurpation qui suit la conquête est ordinairement repoussée par les droits réciproques des nations et les secours qu'elles se prêtent mutuellement. Sa marche est successive comme celle des armées, et elle ne peut être qu'accidentelle, ainsi que la première dont je viens de parler, c'est-à-dire causée par des circonstances opposées à la marche habituelle des événemens. L'une et l'autre ne peuvent, par conséquent, exiger une activité soutenue dans les centres de mouvement que doit présenter au besoin l'institution conservatrice en question.

Il est, comme je l'ai déjà observé, une troisième sorte d'usurpation : celle de l'autorité légitime sur les constitutions, c'est-à-dire celle que les circonstances, de vieilles habitudes, ou le caractère moral des individus, déterminent assez fréquemment chez les *autorités légalement instituées*, sur les attributions réservées aux dépositaires de pouvoirs différens. L'effet de cette usurpation est successif, partiel et mesuré, mais constant, et d'autant plus dangereux qu'il ne caractérise point une révolte prononcée, et qu'il tend à sapper les fondemens constitutifs de l'état. Dans les deux premières suppositions d'usurpation, et plus particulièrement dans celle-ci, l'organisation projetée doit donc présenter des centres d'observation, de surveillance, toujours disposés à recevoir le mouvement et à former au besoin un assez grand nombre de points de résistance et de réaction, pour que la trahison ou la faiblesse n'entraînent pas la domination illégale du sol ou l'usurpation des pouvoirs.

L'on peut adopter à cet égard, comme étant déjà des foyers d'action déterminée, la division territoriale civile; ainsi chaque département aurait un *centre organisé*, composé (comme je l'ai déjà indiqué en traitant de l'institution conservatrice pour l'action de la loi) *de portions* vigoureuses et vigilantes *des volontés législatives*; car des individus isolés, chacun dans leur cercle, ne sont point assez puissans pour arrêter une révolution, ils n'ont point assez de moyens pour la combattre, et il est en général plus facile de les intimider ou de les vaincre, que plusieurs personnes réunies en corps; d'ailleurs des agens délégués immédiatement par le souverain n'offriraient point sans doute un mandat assez direct de la société, pour que la portion sur laquelle ils sont destinés à agir se trouve dans une dépendance et une obligation assez complètes pour produire tout l'effet nécessaire. L'on voit par-là que les autorités civiles ou militaires actuelles ne sont et ne peuvent être susceptibles de devenir isolément les centres de mouvement et de surveillance qui doivent former l'institution dont il s'agit. Mais on obtiendra entièrement l'effet demandé, s'ils sont en partie composés de *mandataires* exprès de cette portion nationale pour des cas prévus : ce qui les rendra passibles d'un principe législatif, et susceptibles, lorsque l'action du gouvernement sera suspendue, de représenter, d'une manière *discrétionnaire* cependant, le grand corps de l'état qui est spécialement nanti de ce pouvoir.

Cette partie législative, destinée à veiller constamment à la bonne exécution des lois, au maintien des constitutions, et à s'opposer à toute usurpation de puissance, formerait ainsi une représentation partielle que j'appellerai *chambre départementale*.

Lorsque des circonstances impérieuses nécessiteraient d'appuyer l'action de la loi par une grande force locale, en un mot de former des *foyers de résistance et de mouvement* pour s'opposer à la révolte et à la domination, la réunion de cette chambre au pouvoir exécutif, qu'elle ne peut dans aucun cas posséder elle-même, formerait un centre d'action que l'on pourrait appeler *gouvernement départemental* (1), et qui serait chargé de prendre directement ou indirectement toutes les mesures qui pourraient garantir en particulier la sûreté du département, et en général celle de la France, comme les intérêts du monarque.

Cette organisation établirait ainsi dans chaque département tous les élémens des pouvoirs généraux qui donnent la vie à une monarchie représentative, et constituerait, par leur réunion, une véritable copie du gouvernement central. Ici la théorie, qui indique l'institution conservatrice pour l'action de la loi, semble s'accorder parfaitement avec les règles que la pratique paraît avoir consacrées. En effet, dans le cas d'usurpation sur l'autorité, au centre même du gouvernement, il est clair que si les pouvoirs constitués, qui sont désunis et qui ne pourront se rassembler dans un nouveau centre d'action générale, contre lequel seraient dirigés tous les efforts de l'usurpation, peuvent cependant rétrograder *instantanément*, par des représentans toujours prêts à

(1) Je pense que cette dénomination ne peut paraître inconvenante, car on l'employe encore aujourd'hui pour les commandemens militaires supérieurs.

recevoir l'action, du centre désorganisé vers plusieurs points du territoire, ils pourront y paralyser tous les moyens de la force usurpatrice, et diriger une réaction d'autant plus puissante qu'elle sera toute légale, fondée sur des principes uniformes, et combinée à l'avance. Si, au contraire, l'usurpation s'opère dans quelqu'une des parties de l'état, en rapprochant toute l'action du gouvernement de la partie attaquée, elle aura bien plus de force pour arrêter les progrès de la domination et rétablir son pouvoir menacé.

Mon but est donc de proposer *des centres particuliers de pouvoirs indépendans les uns des autres*, qui n'aient aucune action générale que lorsque la nation et le souverain sont compromis, lorsque les lois et les constitutions sont méconnues, et qui, sans contrarier dans le calme les forces centrales qui donnent la vie au gouvernement, lorsqu'elles sont en vigueur pour toute l'étendue de l'état, *n'ayant alors qu'une mission de surveillance*, puissent le sauver au besoin, lorsque ces forces sont paralysées pour son ensemble ou quelques-unes de ses parties; *centres de pouvoirs* représentatifs de tous ceux du gouvernement, et dont les attributions, la durée d'action, les divers rapports entre eux, avec le souverain, la nation et la constitution, soient déterminés par des lois nationales qui en assurent l'exécution et garantissent les abus.

Formation de la Chambre départementale.

Le but de la chambre est de présenter une réunion d'hommes, capables et influens, trop peu nombreuse pour se laisser diviser, assez pour former une force imposante, déléguée par le peuple et sanctionnée par le monarque, pour veiller au maintien des lois et des constitutions dans toutes les parties de l'État; s'opposer à toute usurpation de pouvoir et recevoir, au besoin, comme un dépôt momentané, la puissance législative que ne pourrait point exercer le corps constitué qui la possède : puissance bien nécessaire pour légaliser les mesures extraordinaires que les troubles commandent assez souvent.

Voici les bases principales de la formation de la chambre.

Chacun de ses membres serait nommé par le Roi, sur une proposition de trois candidats désignés au scrutin par *les colléges électoraux de département*, lors des assemblées pour les nominations à la grande chambre; ils seraient choisis parmi tous les habitans domiciliés et propriétaires dans le département, ayant au moins trente ans révolus et y payant 300 fr. d'impositions directes (1).

La durée de leurs fonctions serait égale à celle des députés, à la chambre générale : le nombre, le même que celui que le département fournit pour cette chambre.

Ils devront habiter le chef-lieu;

Ils ne pourront point être réélus pour la chambre départementale; mais ils acquiéreront le droit, quelque soit leur cotte contributionnelle, au-dessus de celle fixée de 300 fr., d'être élu représentant à la grande chambre.

Le Roi nommera un président annuel qui pourra être continué à la volonté de S. M.

---

(1) On doit bien faire attention à cette clause. Ce seront *les colléges électoraux de départemens qui présenteront les candidats*, c'est-à-dire, la réunion des habitans les plus marquans par leur fortune, les services rendus à l'État, et l'influence dont ils jouissent. De tels hommes peuvent-il faire et proposer de mauvais choix? D'ailleurs, le délégué de S. M. pour présider le collége, ne pourrait-t-il pas éclairer S. M.? Si ces assurances ne suffisent pas, pour la confiance que l'institution doit présenter, on peut augmenter le nombre des candidats, ou prendre cette autre mesure, car je le répète, les garanties sont dans les formes.

Il y aura un secrétaire archiviste, dont le choix est très-important, qui sera nommé par la chambre et au scrutin : il jouira d'un traitement de 6,000 fr., et sera chargé des frais de bureau.

Les membres ne jouiront d'aucun traitement;

Ils auront, en corps, la préséance sur toutes les autorités du département.

La chambre départementale possédera un droit d'avertissement envers les différens chefs d'autorité du département, dont le but principal est d'arrêter toute espèce d'usurpation de pouvoirs : droit, qui bien caractérisé, serait préservé d'abus; et qui en cas de nullité, dans son effet, serait suivi d'un rapport fait au ministère correspondant, relatant l'avertissement fait, et les circonstances qui s'en seraient suivies. Ces rapports pourraient selon l'urgence et leur gravité, être enregistrés dans des formes convenues, et le relevé en être adressé à chaque session, aux deux grandes chambres, et à S. M. directement, et dans des formes convenues. Ce droit de censure aiderait puissamment à la bonne marche des affaires, dans tous les genres; des formes prudemment assignées assureraient la modération et l'urgence des avis, et donnerait à cette chambre les caractères d'un espèce de tribunal de sagesse et de famille, dont les fonctions se borneraient à mettre par leurs avertissemens, les agens d'exécution sous le poids d'une double responsabilité, qu'ils n'oseraient mépriser sans des raisons impérieuses.

Le droit d'être élu à la grande chambre serait une distinction honorable, que la reconnaissance des habitans du département ferait décerner à celui qu'une conduite sage et ferme aurait signalé; on serait toujours certain de trouver dans les membres qui composeraient la chambre départementale, des hommes parfaitement au fait de l'état du pays, et qui ayant déjà passés à un premier scrutin, ne pourraient manquer de posséder toutes les qualités propres à représenter dignement ses habitans auprès du gouvernement, et à travailler efficacement au bien général.

Le nombre des membres, et les quotités contributionnelles exigibles pour être nommés, pourraient être réduits ou augmentés, suivant que l'on le croirait nécessaire pour la plus grande perfection de l'institution; surtout, si l'on veut la considérer comme un échellon pour parvenir à la grande chambre. Sous ce point de vue le système représentatif se composerait d'un ensemble de rapports sagement coordonnés, la chambre actuelle ne serait point isolée au fait de ce système ; elle serait soutenue et alimentée par les chambres départementales, où il se formerait des sujets capables, et entourée de la confiance et de l'estime publique ; ce qu'il est impossible d'obtenir sans des travaux préparatoires et des preuves faites.

Formation du Gouvernement départemental.

Avant d'entrer dans aucun détail sur la formation du gouvernement départemental, je crois devoir parler *des juntes provinciales*, qui ont rendu des services si éminens à l'Espagne dans ces derniers temps, et qui viennent appuyer de toute la force de la comparaison la plus avantageuse, l'établissement des centres partiels d'action qui composent essentiellement l'organisation que je propose. Ces juntes dont je n'examinerai point ici la formation, parce qu'elles ne m'intéressent que pour l'application du principe de pluralité *de centre d'action pour un moment critique*, étaient vraiment les cent têtes de l'hydre qui a dévoré nos phalanges. A peine avions-nous cessé d'occuper une province avec des forces majeures, qu'à l'instant la junte dissoute, dispersée à notre arrivée, se réunissait de nouveau pour rassembler tous les moyens possibles de nous nuire. Ainsi ont été formés et alimentés ces *guérillas*, ou partis composés de presque toute la population, alternativement de service, quoique souvent par force, qui tombaient sur les derrières de notre armée, arrêtaient nos convois, enlevaient nos postes, nos petits détachemens, tous les courriers, et forçaient nos généraux à faire escorter une seule lettre, le plus simple avis, par plusieurs centaines de soldats.

Ce sont ces courses continuelles, ces alertes journalières, cette impossibilité de communiquer les renseignemens, les ordres; *cette opposition et cette réaction toujours renaissantes*, partout où les masses de nos armées ne siégeaient plus, qui ont abattu le moral et le physique de nos troupes, et de leurs chefs; car on usait, si on peut ainsi s'exprimer, toutes ses facultés contre un ennemi partout présent, et presque toujours semblable à un fantôme qui s'évanouirait sous vos coups pressés, pour renaître sans cesse. En un mot, ce sont tous ces moyens organisés, soutenus par les *juntes*, qui ont surmontés notre puissance, dévorés les nombreux bataillons envoyés en Espagne et triomphés, malgré toutes nos victoires, dans cette lutte opiniâtre qui a si fort étonné l'Europe (1). Si la nécessité d'un point central de direction, pendant une si longue absence de toute autorité légitime, nécessita l'établissement d'une junte centrale, pour dirriger les affaires d'ensemble, soit avec les étrangers, soit dans l'intérieur, pour tout ce qui touchait aux opérations militaires, on sait fort bien que les *juntes* provinciales conservèrent toujours leurs attributions et leur puissance ; elles sentirent parfaitement, qu'en donnant ou laissant prendre à la *junte* centrale un pouvoir absolu, elles préparaient l'asservissement de la patrie, et se liaient dans toutes leurs résolutions : Elles se bornèrent donc à organiser une réunion de députés de chaque junte particulière, portant des instructions bien précises et limitées, et en conservant les centres particuliers de puissance, elles sauvèrent l'Espagne de la domination. Pour répondre à toutes les objections qu'on ne manquerait pas de me faire à l'égard de l'application que je parais vouloir proposer d'un sem-

(1) On doit admettre la résistance des Espagnols au nombre des causes premières de notre évacuation, malgré que la bataille des *Arapiles*, et la campagne de Russie en soient les causes directes : car sans cette résistance, les événemens du nord et l'ensemble des choses eussent sans doute été différens.

blable système d'opposition pour la France, j déclare, que je n'entends établir aucune analo gie de situation politique, et encore moins d gouvernement et d'esprit national entre le deux états, et que je n'ai voulu qu'appuyer, pa un exemple frappant, l'utilité des centres pai tiels de mouvement.

Je ne passerai point sous silence un autr fait non moins marquant, et qui semble avoi consacré, récemment en France, l'utilité de centres particuliers d'action : on en avait telle ment senti l'importance, pour résister à l'usur pation en mars dernier, ou du moins pou régulariser les mesures des préfets, que l'o avait ordonné la permanence des conseils géné raux des départemens. Mais quel parti tire d'une si grande réunion? Comment en attendr aucune opération d'ensemble et de salut ? J dis plus, comment leurs membres s'enten draient-ils ? Cependant ces conseils pouvaier devenir si dangereux pour une réaction, qu Bonaparte se hâta, par un décret exprès, d supprimer cette permanence, qui du reste éta illusoire et n'avait rien produit; parce que l'o n'obtiendra jamais de résultats d'une réunio dont les fonctions ne sont point permanentes caractérisées, et sur laquelle le blâme ou l'ap probation ne peuvent être suivis d'aucun effet déterminé.

La réunion de la puissance législative à la puissance exécutrice, formerait comme je l'ai dit le gouvernement départemental. La première est destinée dans un moment critique, à donner de la force, par la communauté d'action, et par la légalisation des mesures à la seconde, déléguée immédiatement par le souverain, dans la personne du préfet. Ce fonctionnaire, chef de l'autorité civile, en est le principal dépositaire au nom du Roi, pour l'administration générale du département. Il représente en quelque sorte le corps ministériel, par la surveillance qu'il exerce sur les autres autorités, telles que le commandant militaire, celui de la gendarmerie, l'inspecteur général des gardes nationales, le procureur du Roi, et les chefs des administrations particulières. Mais ceux-ci ont aussi un pouvoir partiel d'action, indépendant, sur lequel le préfet, malgré sa préséance, n'a qu'un droit d'invitation. Cependant, comme tous sont sous la dépendance de la loi et du Roi, tous seraient par le fait sous celle du gouvernement départemental, une fois qu'il serait constitué.

On doit établir dans cette réunion une heureuse harmonie de rapports, qui n'ôte point à la partie exécutive l'activité et l'étendue de moyens qu'elle doit conserver; harmonie qu'on peut assurer par les garanties réciproques de ces rapports : de telle sorte que la partie législative ne puisse arrêter le cours des opérations d'exécution qui doivent être confiées exclusivement au préfet.

C'est sous la tutelle d'un troisième pouvoir non moins puissant que les deux autres, quoiqu'il n'ait pas de représentant direct, le *pouvoir modérateur*, que les deux premiers deviendront, à leur réunion, la véritable représentation du gouvernement général. Ce pouvoir modérateur, sauve-garde de l'institution, se trouve placé dans la *responsabilité* des deux autres envers les deux grands corps de l'état qu'ils représentent : responsabilité qui doit être déterminée par des règles précises qui la garantissent.

Je sais qu'on m'objectera que la puissance qui fait les lois ne peut être responsable; je répondrai que le pouvoir donné à la partie législative du gouvernement départemental, n'est que *discrétionnaire*; que la discrétion suppose une limite quelconque; que dès qu'il y a une limite, il doit y avoir une responsabilité.

La réunion des deux pouvoirs principaux s'opérera dans un moment critique, par un mandat direct du souverain, donnant *pouvoir spécial d'action*, adressé à un président nommé par lui dans la puissance législative, et au moment même de la mise en action; ce qui donnera à celle-ci un ressort singuliérement nerveux, et en garantira la fidélité. Cependant, comme dans une foule de circonstances la promptitude de la formation du gouvernement départemental peut seule prévenir la révolte et l'usurpation, promptitude qu'on ne peut obtenir pour les provinces éloignées de la capitale, si l'on attendait les ordres du souverain, la loi organique devra spécifier les occasions de localité qui pourront d'elles-mêmes donner le mouvement à ce gouvernement, et les formalités à remplir dans ces circonstances. Il est à remarquer que si le préfet était président, le gouvernement ne ferait pas corps; les administrés ne voyant plus dans les autres membres que les premiers subordonnés du département, cela ôterait toute influence à cette institution.

Par une semblable combinaison, il n'y aurait point suspension des constitutions dans les parties du territoire séparées du gouvernement; celui-ci rétrograderait du centre commun, à un centre particl, ce qui donnerait, avec le jeu réciproque des forces qui le composent, toute la vigueur possible à l'action du gouvernement départemental.

L'ordre rétabli dans l'État, le gouvernement général réuni au siége de sa puissance, une lettre close du Monarque, adressée au préfet, portant dissolution du gouvernement départemental, lui rendra l'action ordinaire de son autorité. Cette lettre sera signifiée aux membres dont elle l'isole, avec des formes bien caractérisées, afin d'en assurer l'exécution.

Le gouvernement départemental représentant les deux corps principaux de l'Etat, le législatif et le *ministériel*, en aura *discrétionnairement* toutes les attributions; sous le nom de décret, il prendra des mesures qui auront force de lois, lorsqu'elles seront contre-signées par le préfet, et il fera tous les réglemens nécessaires à leur exécution. Il suspendra au nom du Roi les fonctionnaires administratifs et militaires de toutes les classes, et pourvoira provisoirement à leur remplacement s'il y a lieu; ce mode discrétionnaire sera limité par les lois et instructions ministérielles.

Ce gouvernement ne contrariera pas les différentes circonscriptions du pouvoir militaire établies. En temps calme, n'ayant aucune action, les choses seront à cet égard absolument dans l'état actuel ; dans un moment de troubles, où il reçoit le mouvement, le commandant militaire du département sera de droit sous ses ordres, comme je l'ai observé, mais il sera responsable du refus qu'il croirait devoir donner aux *invitations motivées* des commandans de divisions. Enfin les généraux et commandans en chef se concerteront avec les divers gouvernemens départementaux pour tout ce qui peut tendre au rétablissement de l'ordre, en observant de conserver dans leurs rapports les formes qu'il convient d'apporter envers la représentation du gouvernement général. Toutes ces choses devront être bien indiquées, afin que le conflit d'autorité ne puisse en rien nuire à l'ensemble des opérations, soit d'opposition, soit de réaction. Lorsqu'après la désunion du gouvernement général, le Roi, ou celui qui le représente, peut ressaisir un point d'autorité, il vient ou délègue un représentant muni de pouvoirs extraordinaires, et portant une représentation spéciale, dont l'acte est enregistré dans tous les gouvernemens où il peut faire parvenir ses ordres. Ce représentant accorde entre eux, pour le plus grand bien possible, tous les moyens qu'il peut rassembler, jusqu'au moment où le gouvernement général a repris son action au centre de sa puissance, et que par conséquent les autres doivent cesser d'en avoir.

Je n'ai parlé jusqu'à présent que de l'usurpation qui suit la révolte intérieure contre l'autorité légitime ou contre la puissance légale. Quant à celle qui dérive du droit de conquête, et contre laquelle les lois et les intérêts des nations s'élèvent assez fortement pour que cette usurpation soit repoussée par d'autres moyens que ceux d'une résistance nationale, on conviendra sans peine que les centres particuliers de mouvement dont je propose l'organisation, présentant, au lieu d'un seul centre d'action générale à combattre, un faisceau de centres partiels d'action, tous également vigoureux et bien unis entre eux dans leurs moyens d'opposition, ils formeraient les plus puissans agens d'exécution pour cette résistance.

Je rappelle à cet égard l'exemple des *juntes*, dont le principe, quoiqu'on en puisse dire, aurait autant de force qu'en Espagne. Dans les mêmes circonstances, la France aurait montré le même élan et aurait obtenu un succès peut-être plus prompt, car les passions y sont tout aussi fortes, et l'on y trouverait bien plus de ressources pour se défendre et repousser la domination. L'esprit national est éteint, la nation est lâche, abrutie, disent beaucoup de politiques : phrases banales et impropres ; elle est démoralisée, elle a brisé ses freins, et par conséquent elle est inquiète, mobile, inconséquente et raisonneuse ; mais laissez-la reprendre son caractère sous l'empire des lois et des constitutions, vous la verrez de nouveau avec toutes ses qualités.

Observations générales.

Nous ne pensons point qu'il soit utile d'entrer actuellement dans tous les détails que doit embrasser cette organisation : nous croyons avoir assez indiqué notre projet pour qu'on puisse l'apprécier. S'il paraît susceptible d'exécution, nous préciserons et ces détails et les rapports de la chambre et du gouvernement départemental entre eux, avec le gouvernement général ou la nation, ainsi que ceux des différens pouvoirs qui les composent. Aujourd'hui nous pensons devoir nous borner à quelques indications essentielles, et à des considérations générales sur quelques points importans.

Examinons d'abord le gouvernement départemental, simplement comme *centre partiel de pouvoirs généraux*, afin de connaître si la division momentanée de l'action centrale peut, par elle-même, contrarier les principes constitutionnels de l'état, ou donner des craintes fondées au Monarque ou à la nation dans l'exercice fidèle de ses facultés.

Il est clair qu'une organisation dont le but est de paralyser le pouvoir usurpateur et de rendre la puissance à l'autorité légitime, ne peut qu'être avantageuse au souverain, tant qu'elle sera fidèle à ce but. Il est également certain qu'elle ne peut être redoutable pour la nation, puisqu'elle tend à lui éviter l'anarchie de pouvoir, l'usurpation de son territoire, et à la faire jouir de tous les avantages d'un système d'action bien combiné, et par conséquent le plus bienfaisant possible; car une réunion en comité central d'hommes du pays, soumis à des devoirs importans envers le gouvernement usurpé et envers toute la nation, les remplira certainement avec ménagement, tandis que l'administrateur ou le commandant militaire sacrifient souvent, dans l'etat de choses supposé, à leur intérêt particulier, l'intérêt de leurs administrés, ou bien, tombant dans un autre excès, se laissent emporter par un zèle aveugle et mal entendu.

Examinons actuellement cette division, eu égard aux constitutions. Dans les suppositions générales d'usurpation que j'ai mises en avant, ces constitutions sont suspendues dans l'ensemble ou la partie de l'état en révolution : alors le gouvernement général ne peut plus régler avec les formes désirées les mesures que commandent les circonstances. Le chef civil (ou le militaire, si le département est en état de siége,) se trouvera réellement investi, par force majeure, et *dans toute la latitude possible*, des deux pouvoirs principaux : il sera obligé d'organiser une force armée, de lever des impôts, sous d'autres noms et des formes différentes, peut-être ; mais qui n'en seront pas moins des actes du ressort exclusif de l'autorité législative. Les exemples de ce genre, et ceux d'une foule d'autres mesures analogues, auxquelles un préfet ne peut se refuser, lorsque l'impérieuse nécessité le commande, se sont renouvelés trop souvent depuis vingt ans, pour qu'il soit besoin d'entrer à cet égard dans des preuves détaillées. Nous sommes d'ailleurs trop rapprochés du temps où ces exemples ont été fréquens, pour croire à l'impossibilité de les voir se renouveller. Ces abus sont tolérés quelquefois, parce qu'ils évitent de plus grands maux encore ; mais eux-mêmes sont des maux réels et des actes moins dangereux par leur illégitimité aux yeux de la loi, que par les injustices partielles qu'ils laissent la possibilité de commettre. Eh bien ! c'est non seulement à cette illégitimité que le gouvernement départemental obvie ; mais il remédie aussi à toutes les injustices qu'elle entraîne. En un mot, ce gouvernement agit lorsque les constitutions n'ont plus de force, et agit dans le sens même de ces constitutions : ce qui suffit pour faire penser que, dans aucun cas, il ne peut les contrarier. Ainsi donc, en n'exerçant que les facultés que lui accorderait son institution, cette organisation ne pourrait qu'être avantageuse et nullement à redouter.

On peut ajouter à ces considérations, que malgré l'absence du gouvernement général, les gouvernemens départementaux agissant cependant d'après une unité de principes, d'après une impulsion uniforme, qui est toujours celle de ce gouvernement général ; la responsabilité dont ils sont passibles annullant, en quelque sorte, l'effet de cette absence, cette organisation n'est réellement point opposée à ce principe de législation générale, que *le gouvernement a d'autant plus de force qu'il est plus concentré.*

On pourra m'objecter qu'il faut des assurances pour les résultats qu'on espère de cette organisation, et des garanties contre les abus de son pouvoir. On me dira, que par suite de ce ménagement pour des compatriotes, les membres du gouvernement départemental seront arrêtés par mille considérations locales, et qu'ils ne prendront aucunes mesures conservatrices : alors le préfet, moins susceptible d'impressions de cette nature, eût mieux fait tout seul. Cette institution, ajoutera-t-on, suppose un grand patriotismme, un esprit public, une réunion d'opinions; mais si tout cela n'existe pas ?.... Je répondrai d'abord, qu'après la responsabilité personnelle, il n'existe pas d'autres moyens pour assurer l'exécution des lois que les formes et l'heureuse combinaison des rapports entre les parties composant une institution quelconque. Sous le point de vue de la responsabilité personnelle, on peut dire que cette institution composée de citoyens déjà éprouvés et connus, principaux propriétaires, et élus sur tout le département, avec les précautions qui peuvent assurer de bons choix, présente réellement toutes les garanties convenables au Roi et à la nation, pour la fidélité de sa mission, c'est-à-dire, pour qu'elle ne s'en détourne point et pour qu'elle en remplisse les devoirs. Des formes prudemment assignées ; de sages précautions achevèront de compléter ces garanties contre tous les abus qu'on pourrait craindre, ainsi que cela se pratique pour toutes les institutions humaines, avec plus ou moins de soins, selon qu'elles sont plus ou moins imparfaites.

Il est d'ailleurs dans l'ordre des choses que le président, s'il n'est point un homme pervers, soit dominé par le noble désir de sauver son département, et de coopérer à la délivrance de l'Etat. Une grande puissance, donnée avec tout l'éclat et toute la dignité qui lui convient à une petite réunion, dont il est le principal membre, ne peut qu'imprimer à tous ceux qui composent cette réunion des sentimens d'énergie et d'amour propre, qui annulleront les petits calculs de société. Car, en employant des hommes, l'on doit compter sur un effet moral. Le préfet seul ne pourrait imprimer au département, ce mouvement général et vif, que l'on doit désirer, et que des compatriotes qui s'imposent les premiers sacrifices, et qui montrent l'exemple en tout, imprimeront à coup sûr. On doit donc attendre de cette organisation le plus grand effet désirable, avec tout le ménagement possible.

J'ai dû prévoir toutes les objections qu'on pourrait avancer contre mon projet. La plus forte, sans doute, serait celle-ci : dans un temps calme, les chambres départementales se renouvellant tous les cinq ans, étant dirigées par un président annuel nommé par S. M., n'ayant aucun pouvoir d'exécution, ne présenteront certainement point de danger ; mais en sera-t-il ainsi dans une époque de révolution, où le gouvernement départemental serait en mouvement, et que, de cette manière, le département posséderait un petit gouvernement complet, au moyen duquel il pourrait, sans craindre de tomber dans l'anarchie, se séparer du corps de la nation, s'unir peut-être à un ou plusieurs gouvernemens voisins, et former ainsi une scission d'autant plus dangereuse contre le gouvernement légitime, que cette institution, organisée pour le protéger, le priverait par-là de tous les moyens de défense qu'il aurait pu retirer des provinces séparées ? La composition de la chambre me paraît une garantie suffisante, je le répète; car il est impossible de supposer la séduction d'une semblable réunion. Le président, d'ailleurs, n'étant connu qu'au moment de la mise en action, ne pourra être séduit à l'avance, et la diriger dans un sens contraire à son but. Enfin le préfet, l'homme du gouvernement, l'homme du Roi, sans lequel on ne peut faire exécuter aucune mesure, ne sera-t-il pas là pour arrêter toute fausse direction ? L'autorité militaire, la garde nationale, éclairées par ce magistrat, s'il craignait quelque chose, pourraient-elles être aussi séduites ? Le commandant de la division ne veille-t-il pas, de son côté, dans une position étrangère, aux intérêts locaux? Enfin, si un gouvernement départemental se séparait du souverain, comment concevoir que plusieurs suivissent son exemple?

J'ajouterai que les révolutions ou insurrections ne peuvent être à la vérité combattues d'une manière satisfaisante par des moyens prévus et combinés à l'avance, parce qu'elles peuvent se présenter sous tant de formes, et avec des caractères et des circonstances si variés, que les théories les plus parfaites seraient en défaut. Mais on peut dire, en thèse générale, que tendant toutes à violenter l'action des lois et des constitutions, le meilleur moyen pour les repousser et les vaincre, c'est de fortifier et maintenir cette action. A-t-on d'ailleurs une organisation quelconque préférable à celle dont j'offre le projet ? On conviendra du moins qu'en ne servant qu'à légitimer les moyens extraordinaires que des momens critiques sollicitent d'un préfet, cette organisation serait précieuse. Je terminerai en observant combien, dans les circonstances de stupeur et d'abattement où la France est plongée, une institution comme celle que je propose serait favorable pour relever l'énergie de la nation; combien elle pourrait contribuer, par le bon choix des sujets, à fondre tous les partis, à les réunir autour du Roi et de la charte, et à maintenir chez toutes les autorités une mesure et une sagesse si désirables, et qui seules peuvent calmer les passions et les craintes. Enfin, si la force était nécessaire, cette institution pourrait seule produire, sans choquer les lois et les constitutions, toute celle qui serait nécessaire pour résister à la révolte et la repousser par tous les moyens que les momens commanderaient d'employer.

DES CHAMBRES DÉPARTEMENTALES

Considérées comme administrations particulières pour les provinces.

J'AI dû rechercher, en proposant les Chambres départementales, à obtenir les plus grands et les plus heureux résultats, avec le moins de frais et d'inconvéniens possibles, afin de donner à cette institution un caractère de stabilité qu'elle ne pourrait posséder, si elle n'avait d'autre but que celui de parer à des événemens que l'on doit supposer fort rares.

En conséquence j'ai pensé que ces Chambres, dont les attributions sont peu considérables dans les temps ordinaires, pourraient remplacer avec avantage quelques institutions qui m'ont semblé n'être point en harmonie avec l'état actuel de notre législation, et dont les attributions rentreraient parfaitement dans les droits d'une représentation locale. Auparavant de présenter aucuns détails à cet égard, je vais examiner le système d'administration en vigueur, afin de connaître en quoi cette institution pourrait l'améliorer, et quels doivent être leurs rapports réciproques dans les temps ordinaires de paix intérieure.

Ce système, établi depuis la constitution de l'an 8, est absolument copié sur l'organisation militaire des troupes groupées par masses, et sur la subordination de leurs chefs. Il est tellement simple, et donne tant d'avantage, non seulement pour le secret de l'exécution, mais encore pour sa bonté, sa rapidité, et la garantie qu'il en offre, que l'on doit le conserver comme la perfection de l'art de faire obéir les hommes. En effet, il n'exige que la plus petite quantité d'agens possible (1); il communique simultanément, et de la manière la plus directe,

---

(1) J'entends parler d'un temps de paix et d'ordre intérieur. Si sous Bonaparte l'agrandissement excessif du territoire, les difficultés des rapports politiques, l'arbitraire, la multiplicité des demandes de tous genres faites à la France, l'instabilité, la gêne constante des positions individuelles, avaient multiplié les écritures à un point extrême, ce n'est pas une preuve qui détruise mon assertion. Dans un temps calme, la moitié des employés qui existent aujourd'hui dans les administrations sera inutile, malgré les réformes qui ont déjà été faites.

par une échelle progressive de responsabilité, l'impulsion demandée à tous les individus d'un État, quelque vaste qu'il soit. Enfin le dépositaire du pouvoir exécutif, n'en déléguant jamais qu'une partie, s'en réserve toujours plus qu'il n'en faut pour imprimer l'exactitude aux exécuteurs qui lui sont subordonnés, et qui tous, par le seul fait de la réception de l'ordre, sont responsables de l'inférieur envers tous les supérieurs, de son exécution sur la portion d'individus qui est confiée à celui-là immédiatement. Les maires, les sous-préfets, le préfet, principaux agens d'exécution dans ce système, centralisent les opérations, éclaircissent les affaires, assurent l'exécution des ordonnances avec une rectitude presque militaire, et sont, sous ce rapport, bien préférables aux anciennes *assemblées provinciales* ou *administrations départementales*. Celles-ci entraînent avec elles une lenteur, une indécision, difficiles à éviter; l'esprit d'intrigue et de parti y domine facilement; les considérations d'intérêts particuliers aveuglent les membres, entravent ordinairement les affaires, et empêchent l'exécution des projets les plus utiles. L'on doit cependant considérer que cette lenteur est quelquefois salutaire, parce qu'elle évite le danger des décisions précipitées ; que d'ailleurs une réunion d'individus offre, comme je l'ai déjà observé, plus de moyens de résistance contre la révolte qu'un seul fonctionnaire délégué du Roi. L'on doit aussi convenir que ces administrations sont plus dans l'essence d'une *monarchie représentative*, que la transmission directe du pouvoir par un petit nombre de subordonnés, ainsi que cela existe aujourd'hui : véritable communication de la puissance despotique, mais qui, dans un état où la liberté individuelle est bien assurée, ne peut avoir des inconvéniens assez graves pour contrebalancer les avantages qu'elle procure.

Toutes les personnes qui ont pu juger, dans le temps, combien les dépenses, même d'un intérêt généralement senti, étaient difficilement accordées par les assemblées provinciales ; les débats qui s'élevaient à cet égard, les difficultés qu'on formait pour reconnaître l'utilité des propositions les plus simples ; et qui ont vu, enfin, que presque toujours, par l'influence d'un membre plus puissant et plus riche, l'intérêt de la province était sacrifié à l'avantage d'un seul individu, ne balanceront point à avancer que si les administrations provinciales sont nécessaires, elles doivent être instituées sur des principes qui préviennent, autant que possible, tous les abus qu'on y remarquait.

Sans offrir les inconvéniens de ces assemblées, et sans diminuer les avantages du système actuel d'administration, les Chambres départementales posséderaient, je pense, tout ce qu'elles avaient de bon, en leur donnant des attributions que le mode de gouvernement qui nous régit aujourd'hui, semble réclamer si fortement en faveur de la liberté convenable aux communes. Ce ne sont donc point les assemblées provinciales anciennement en vigueur, ni les administrations départementales de 1789, dont il serait à désirer le rétablissement, mais une institution qui, sans être exclusivement chargée de provoquer les améliorations de tous genres qui peuvent être utiles, procurât du moins les moyens de les exécuter sans le secours du gouvernement, et sans être assujétis à remplir les formalités sans nombre qu'entraîne son concours.

Pour obtenir ce but, les Chambres départementales seraient spécialement chargées de décider sur toutes les questions qui intéressent les droits de liberté et de propriété individuelles ou communales, dont, par leur nature, le renvoi n'est point dévolu aux autorités judiciaires ;

sorte de tribunal administratif de famille pour assurer l'égalité proportionnelle des charges publiques de toutes les espèces qui seraient légalement autorisées, ou bien occasionnées d'une manière accidentelle par des événemens imprévus. Ce tribunal remédierait à cet abus remarquable de notre système actuel, où les agens du gouvernement font eux-mêmes la répartition de ces charges, et disposent ainsi, au nom du Roi, et souvent d'une manière arbitraire, de portions plus ou moins considérables de la fortune des individus, de leur repos, de leur existence même. Dans un gouvernement dont tous les principes tendent essentiellement à conserver à la masse la plus grande portion de liberté et d'égalité individuelles, à laquelle puissent aspirer les hommes en société, il faut, autant que possible, que toutes les institutions soient d'accord avec ces principes.

Ce n'est point assez de voir les impôts et le recrutement légalement réglés par les chambres. Cet article fondamental de nos constitutions ne tend qu'à éviter l'abus du pouvoir sur la masse en général; à empêcher que, sans des besoins impérieux, reconnus tels par les représentans de la nation, le souverain ne dispose de ses ressources; mais la justice qui a consacré ce principe, ne peut méconnaître les droits individuels des membres qui composent cette masse, à une répartition proportionnelle des charges publiques. Lorsque la grande Chambre a reconnu les besoins de l'Etat et qu'elle y pourvoit, il importe peu au gouvernement, sous le rapport du résultat demandé, que les sacrifices exigés soient faits par une partie du territoire ou par l'autre ; mais il lui importe essentiellement, sous tout autre point de vue, qu'en disposant de ses moyens, la nation ou les individus ne puissent, en aucune manière, être mécontens de ses agens; car, par-là, son action sera bien plus forte et bien plus égale. Enfin il ne peut être indifférent à la société de se voir exposée aux injustices que les administrateurs actuels commettent si souvent dans ces répartitions, soit par ignorance des connaissances locales (ignorance qui provient des fréquens remplacemens des ministres, des préfets et sous-préfets, et de l'absence de renseignemens écrits), soit par la légèreté qu'ils y apportent, n'étant point intéressés directement à la chose, comme les habitans du pays. Ainsi, tout en obtenant les résultats désirés, le gouvernement pourrait, ce me semble, éviter ces grands motifs de haine qui l'accablent ordinairement, les injustices vraies ou fausses, que les ministres ou autres agens d'exécution commettent dans les répartitions d'impôts, de réquisitions de tous genres et de levées d'hommes : je dis vraies ou fausses, parce que les individus atteints sont toujours prêts à accuser l'autorité. Eh bien ! ôtez toute possibilité à la société d'accuser les agens du gouvernement, et bornez-vous à disposer pour son bien-être des moyens qu'elle peut fournir, soit en général, par ses représentans dans la grande Chambre, soit en particulier, par ses délégués dans les Chambres départementales; n'est-il pas vrai que l'on évitera, de cette manière, les plus grands motifs de plaintes que font ordinairement valoir les hommes? Je pense donc que le corps législatif devrait être revêtu du droit exclusif de faire lui-même, et par des commissions nommées dans son sein, avant la fin de chaque session, la répartition proportionnelle des contributions directes et du nombre d'hommes nécessaire au recrutement de l'armée, entre tous les départemens de la France. On ne saurait nier assurément que ces répartitions ne soient faites d'une manière plus convenable pour la nation. On pourrait même penser qu'elles seront déterminées avec plus de précision que dans les bureaux du ministre, où les bases qui servent à ce travail sont encore sans doute fort vicieuses, puisque les relevés de population, ainsi que tous les détails de statistique qui ont été fournis depuis nombre d'années, sont très-inexacts : Cette vérité ne sera pas contestée j'espère, l'on sait assez combien l'intérêt des administrés et les occupations multipliées des maires, des sous-préfets et des préfets, rendaient cette inexactitude excusable; aussi pour remplir tous les détails de tableaux souvent très-minutieux, se contentaient-ils d'une approximation la plupart du temps bien éloignée de la vérité. Ces répartitions se feraient sur des matériaux fournis tous les ans par les Chambres départementales; matériaux qui, avec les connaissances locales qu'apporteraient les députés dans cette opération assureraient la justesse de ces répartitions, qui n'offriraient, ainsi aucune prise sur les agens du gouvernement.

Ce mode aurait encore le grand avantage de rendre à la société en général le droit dont jouissent les familles en particulier, celui d'administrer leurs biens, sur lesquels elles paient à l'Etat l'impôt exigé. De cette manière, il ne resterait au gouvernement qu'une action sur les portions de revenus ou de service personnel que chaque individu abandonne volontairement, par l'organe de ses représentans, pour les besoins et la sûreté de l'Etat : action tout-à-fait juste et légale, parce qu'elle résulte d'un accord fait entre les gouvernés et le gouvernement, les premiers solidaires les uns pour les autres ; d'où il résulte que personne ne peut le rompre qu'au détriment de tous, et que, par-là, l'action même du gouvernement se trouve appuyée par la masse. Au moyen de ce mécanisme si naturel, l'administration générale se trouverait simplifiée. Tous les actes principaux du gouvernement présenteraient un caractère de paternité, et en même temps de force, qui les rendrait bien plus obligatoires encore pour toutes les espèces de consciences. Ainsi la Chambre départementale, revêtue de la confiance du Roi et du pays, pourrait concourir bien puissamment à rendre à la nation une partie raisonnable de cette liberté des décisions dans les intérêts communs qui lui a été ravie par le nouveau système administratif. C'est surtout sous ce point de vue que ce système me semble en opposition avec le mode adopté depuis l'établissement des corps législatifs. C'était en effet un grand moyen de soutenir le despotisme et de pourvoir à ses dépenses effrayantes ; mais aujourd'hui que notre Monarque veut administrer et non exploiter l'Etat, il est bien à désirer de voir adopter un ordre de choses qui soumette à des jurys nationaux, composés de citoyens instruits et influens, toutes les idées, les demandes, les discussions sur les sacrifices et les intérêts communs, dont l'importance ne serait cependant que locale, tandis que toutes celles qui seraient d'un intérêt plus général continueraient d'être soumises à l'examen et à l'approbation de Sa Majesté et des deux grandes Chambres.

J'ajouterai enfin que dans les attributions accordées aux Chambres départementales, on doit chercher ce point essentiel de perfection, où en conservant aux individus en communautés les droits raisonnables qu'ils peuvent avoir à s'administrer par eux-mêmes, on les retient cependant sous une dépendance absolument nécessaire à l'harmonie politique. Dépendance que Bonaparte avait poussé si loin, parce qu'elle était indispensable dans le système de tyrannie organisée qu'il avait établi; mais qui deviendrait dangereuse dans un gouvernement modéré, où la volonté et le pouvoir d'applanir toutes les difficultés par *toutes les espèces de moyens possibles*, ne se trouvent pas réunis sur la tête du Monarque.

Mais ce point de perfection si désirable ne peut s'obtenir que par le tâtonnement et l'expérience journalière qui conseille et qui corrige ; brusquer une aussi grande opération serait assurément une preuve d'ignorance, le temps seul peut faire trouver ce terme heureux d'un équilibre nécessaire, entre les forces de concentration et d'excentricité, qui, en politique comme en physique, assurent l'harmonie des rapports et déterminent la précision des mouvemens. Ainsi dans l'ensemble de l'administration le pouvoir municipal et le pouvoir départemental, doivent être tellement coordonés avec le pouvoir général, que l'union qui en résulte, les dépendances réciproques qui s'établissent entr'eux, garantissent tout isolément d'intérêt, et par conséquent toute séparation d'existence sociale. Je ferai observer à cet égard combien ce système administratif contribuerait, par cette heureuse harmonie et cette dépendance d'intérêts réciproques, à garantir le gouvernement de tout abus d'autorité de la part des Chambres départementales, considérées comme centre de pouvoirs indépendans dans un moment critique.

D'après tout ce que je viens d'exposer on a déjà pu voir que les Chambres départementales remplaceraient, dans mon projet, les *conseils généraux*; ces conseils sont formés de 24 à 30 membres qui, la plupart, ne s'occupent de l'administration du pays, et même d'aucun objet analogue, que dans les circonstances où ils se rassemblent, c'est-à-dire une fois par an. J'ajouterai *une chose de fait*, c'est que souvent les travaux qui devraient être exécutés avec tant de soins par ces conseils, sont faits par le secrétaire général ou par un des conseillers de préfecture, auquel pour s'en débarrasser, leurs membres, lèguent le soin de faire la répartition entre les arrondissemens : répartition souvent aussi peu juste que celle entre les départemens. Car l'on peut affirmer qu'il n'y a pas dix départemens en France, où cette répartition puisse, à l'aide de documens existans dans les préfectures, être faite avec quelque justice (1).

(1) Je pourrais citer comme une preuve convaincante de ce que j'avance, une sous-préfecture peu éloignée de Paris, où toutes les réquisitions en nature qui ont eu lieu depuis nombre d'années, ont été arbitrairement réparties sur toutes les communes, d'après les simples connaissances pratiques du secrétaire de cette sous-préfecture. Cet exemple remarquable se trouve répété dans un grand nombre de départemens, et fait voir à quel point les

On conviendra je pense que, des hommes choisis s'occupant constamment du pays, ayant

---

revenus des particuliers, leur aisance, et quelquefois même toute leur fortune, sont compromis dans les attributions données aujourd'hui aux agens de l'administration.

Rien n'est plus incertain encore que le mode à adopter pour les répartitions de fournitures en nature. Il est impossible à la vérité de prendre des bases générales; elles doivent varier suivant l'industrie et le genre de culture des différens pays. Dans les uns, la population peut servir; mais cette base est rarement exacte; dans d'autres, la quantité des terres labourables, lorsque les différentes espèces de culture sont également reparties sur un sol à peu près de même nature. Dans l'arrondissement de Compiègne, par exemple, il semble que l'on doive adopter pour quantité proportionnelle le nombre des charrues que possède chaque village, parce qu'elles servent à peu près partout aux mêmes travaux. Si le cadastre était terminé en France, toutes ces difficultés seraient levées.

Une règle générale, que trop d'administrateurs ont souvent oublié, c'est que ce sont les terres qui doivent être imposées; ainsi les individus *forains* ou *horsains*, c'est-à-dire, les propriétaires qui n'habitent pas la commune, ne doivent pas être exempts pour cela même qu'ils ont leur domicile ailleurs. Les habitans qui n'ont point de fonds territoriaux ne peuvent payer que d'après leurs contributions personnelles, mobiliaires et patentes, qui doivent spécialement servir pour la répartition de tout impôt en argent. Malgré ces règles si simples rien à leur disposition tous les moyens nécessaires, pouvant profiter des observations journalières qu'ils ont occasion de faire, et qui leur donnent une connaissance parfaite des produits et des besoins du département, seraient bien plus susceptibles que les conseils généraux d'asseoir une juste répartition des contributions directes entre toutes les communes; de juger les réclamations qui pourraient s'élever à ce sujet et de déterminer et vérifier avec précision les dépenses indispensables du département.

Je proposerais encore d'adjoindre aux membres de la Chambre, mais seulement pour cette répartition, les maires et les receveurs particuliers des chefs-lieux d'arrondissemens, afin de contribuer par-là à augmenter la sécurité des habitans, en mettant en présence des

---

de plus ordinaire depuis long-temps que de voir des départemens ne point taxer les *forains* qui le sont dans les autres, et très-souvent des mesures qui devraient être le résultat des règles générales établies pour le bénéfice commun, se pratiquer d'une manière opposée dans deux arrondissemens d'un même département. Je pourrais multiplier à l'infini les citations analogues, qui feraient voir combien l'arbitraire avait de part dans l'exécution de certaines mesures de ce genre, qui partout auraient dus s'effectuer de même, c'est-à-dire, en prenant la justice pour bases des répartitions.

intérêts opposés, dont les observations contradictoires contribueraient efficacement à éclairer l'ensemble du jury. Les Chambres pourraient bien mieux encore que les conseils généraux exprimer leur opinion sur l'état et les besoins de leur cercle respectif : la permanence de leurs fonctions leur permettant d'ailleurs de la rappeller au gouvernement, et de solliciter et obtenir les résultats de leurs demandes. J'ai dit que la Chambre ferait la répartition entre toutes les communes du département; en effet je crois que cette manière convient mieux que la sous-répartition par arrondissement. Celle-ci déterminant par exemple, pour un d'eux, une quotité trop forte, il s'en suit que toutes ses communes seraient surchargées : comparaison qui était souvent frappante pour les communes situées au voisinage d'une autre sous-préfecture.

On sera, je pense, moins exposé à généraliser l'erreur, lorsque cette répartition se fera sur la totalité des communes, selon leurs facultés relatives, et d'ailleurs il sera bien plus facile de rectifier les fautes qui pourraient se faire. La Chambre pourra, au bout de peu de temps, asseoir des bases proportionnelles pour cette répartition, en sorte que le travail annuel devenu très-facile, sera presque réduit à quelques variations de détails, causées par les événemens fortuits qui seraient arrivés pendant l'année.

D'après ce que je viens d'émettre, on supprimerait aussi les conseils d'arrondissement : tellement inutiles, que dans beaucoup de départemens, et malgré que les procès-verbaux 'en soient souvent produits, ils ne se sont pas assemblés depuis les premières années de leur institution. En effet leurs attributions consistent, 1° à faire la répartition des contributions directes sur les communes de l'arrondissement, *répartition qu'on reçoit presque toujours toute préparée, des agens de l'administration des finances;* 2° à donner leur avis motivé sur les demandes en déduction qui sont formées par les communes, *chose qui a été dévolue au sous-préfet par l'empire de la nécessité et de l'habitude*; 3° à entendre le compte annuel des sous-préfets, sur l'emploi des centimes additionnelles destinées aux dépenses de l'arrondissement. *Ceci est nul, le sous-préfet n'ordonnance rien, ne paie que ses employés, et ne rend aucun compte, ou s'il le fait, ce n'est qu'au préfet*; 4° à exprimer son opinion sur l'état de l'arrondissement, *chose absolument illusoire et de pure formalité, que le sous-préfet exécute et qui n'a jusqu'à présent produit aucun résultat.*

La Chambre peut par ses attributions spéciales, beaucoup mieux que ces conseils, remplir toutes ces fonctions, auxquelles ne sont attachées aucune responsabilité, et qui ne dépendant point d'une permanence d'exercice qui rend apte à la chose, et fait naître l'amour du bien, sont presque toujours éludées ou mal exécutées. Je sais combien l'on se récriera contre ces innovations; on m'observera que la transaction qui a lieu entre les administrés, et un certain nombre de leurs concitoyens, pour les répartitions de ces contributions, est d'autant plus assurée, présente d'autant plus de garantie à la totalité des individus, que les délégués sont en plus grand nombre. Je répondrai à cette objection, que l'essentiel n'est point d'avoir tant de monde; mais des sujets capables et honnêtes. Or je pense que la réunion que je propose, doit offrir essentiellement cet avantage.

Dans les circonstances extraordinaires où des calamités imprévues, forcent le gouvernement à frapper des réquisitions en nature, ou des impôts en argent; ou bien, dans celles où des besoins pressans de localité, demandent sur-le-champ de semblables réquisitions, la Chambre procédera mieux que tous autres agens, à en faire la répartition d'une manière équitable par ses connaissances acquises. D'ailleurs ses membres, s'imposant les premiers, encourageront leurs concitoyens. On évitera de cette manière au préfet, chargé aujourd'hui de cette répartition, qu'on peut même appeler *imposition*, des mesures toujours délicates et pénibles à exécuter pour lui, étant presque toujours entre ses mains des actes diamétralement opposés aux lois et aux constitutions de l'Etat. Enfin, on épargnera, ainsi que je l'ai déjà observé, des plaintes souvent injustes, contre les agens du Roi; on contribuera par-là à attacher la nation au Monarque ; car, en un mot, il faut autant que possible dégager de l'*administration provinciale*, *l'agence d'exécution pour les lois*, sans cependant que le gouvernement abandonne cette surveillance, qu'il doit apporter dans l'intérêt même des individus, jusques dans l'exercice de leurs droits sociaux.

Le recrutement de l'armée, quelque soit le mode qu'on adoptera, ainsi que le service de la garde nationale; charges communes des plus pesantes, surtout la première qui compromet ce que l'homme a de plus cher, sa vie, doivent être aussi reparties par la Chambre. Les raisonnemens que j'ai appliqués avec avantage, je pense, aux impôts directs d'argent, peuvent ici augmenter encore de force. En effet, ne doit-il pas entrer dans les vues d'un gouvernement paternel, de laisser juger toutes les questions qui dérivent de ces répartitions, et qui touchent aussi essentiellement à la liberté individuelle et à l'existence des individus, par un tribunal de famille, interessé de tant de manière à ménager tous les intérêts et à les peser avec impartialité dans la balance de la justice? Il faut des soldats, il faut des revenus pour soutenir l'Etat, ne pourrait-on point faire de manière que l'un et l'autre soient fournis par la décision même des parties intéressées, convaincues de la nécessité de le faire, et pressées d'ailleurs par le partie exécutive de remplir des contingens fixés par des lois? Par ce moyen aucune injustice ne pourrait être reprochée à l'agent du gouvernement, qui n'agirait qu'en vertu d'un mandement spécifié par la volonté publique. Toutes les réclamations, suspensions, réformes et dispenses, seraient aussi réglées par la Chambre, qui serait chargée de remettre le nombre d'hommes demandé entre les mains du préfet, de l'inspecteur des gardes nationales, ou du général commandant le département, qui chacun selon sa partie, recevrait de la Chambre l'action directe sur les hommes désignés.

La Chambre départementale pourrait remplacer aussi une institution reconnue vicieuse, celle des *Conseils de préfecture*; ces conseils ne sont point ce que leur titre semble annoncer, ils n'ont aucun droit d'avis envers le préfet, qui pour l'ordinaire ne leur accorde pas même la considération dont ils devraient jouir. La loi du 28 pluviose an 8, leur donne spécialement le contentieux administratif; ils prononcent en outre, sur une infinité de cas, où les droits de propriété et d'intérêts privés sont compromis. Leurs décisions sont de véritables jugemens; car ils forment en quelque sorte des tribunaux d'exception, mais dont la législation n'est point encore fixée : leurs attributions sont donc très-importantes, et mériteraient par cela même une indépendance totale du préfet.

L'on peut ajouter qu'en général, les places de conseillers de préfecture, peu recherchées dans un temps où l'argent remplaçait l'honneur, ont été souvent mal occupées. Ceux qui auraient dû les remplir, les gens les plus marquans par leur expérience et leur fortune, dans chaque département, les ayant d'abord dédaignées. Cependant la considération dont jouissent les gens de cette classe, aurait été le seul moyen de forcer le préfet à leur montrer des égards dont le pays aurait profité par la possibilité que ces places procurent d'approcher ce magistrat, et de lui donner des avis salutaires. Les fonctions dévolues aux conseils de préfecture seront mieux remplies par la Chambre, leur existence sera plus caractérisée ; elles prendront une activité régulière d'exercice qui manque dans l'institution actuelle, où les questions de son ressort restent quelquefois des années sans se décider ; longueur souvent très-préjudiciables, surtout en matière de grande voirie ou autres travaux publics, qui intéressent tout un pays.

Les membres de la Chambre, dont les attributions doivent être essentiellement distinctes de tout autre ordre de pouvoir, ne jouiraient point de la faculté dont jouissent ceux des conseils de préfecture, pour remplacer le préfet mort ou absent du département. Ce remplacement provisoire devrait être affecté à l'un des sous-préfets, et il deviendrait, pour cette place, un encouragement d'autant plus désirable qu'il est naturel, qu'il disposerait les sous-préfets à occuper dignement celle de préfet, et ferait connaître des sujets capables. Je dois encore observer, à l'égard du conseil de préfecture, qu'une grande partie de ses attributions cesseront par la remise des biens d'émigrés non vendus. On m'objectera sans doute qu'en donnant ces attributions aux Chambres, je réunis des pouvoirs de diverses natures ; je répondrai, qu'on peut considérer la portion judiciaire d'autorité déférée aux conseils de préfecture, comme celle qui résulte d'un accord en arbitrage , ce qui , par conséquent, ne peut offrir d'inconvénient, ni choquer les principes dans les Chambres départementales.

Une partie importante de l'administration, la *comptabilité des communes*, si fort en arrière dans toute la France, que l'on peut dire hardiment que la moitié d'entre elles n'ont pas arrêté leurs comptes de recettes et dépenses depuis dix ans , devra être soumise à la vérification des Chambres départementales, qui feront rétablir dans leur intégrité les limites des biens communaux qui restent : biens si fort entamés par les habitans et quelquefois par les maires. En effet, il paraîtra bien naturel, et plus dans l'ordre des choses, que cette comptabilité communale soit réglée par un comité essentiellement local et de famille, que par le gouvernement ; celui-ci ne devant, en principe, connaître que de l'emploi des fonds remis à ses agens comptables. Ainsi, après les comptes rendus par le maire au conseil municipal, et celui du receveur de la commune à ce même conseil, ces comptes seraient épurés par la Chambre. On concilierait de cette manière, et les droits des communes à administrer leurs revenus, et ceux du gouvernement, dont la sollicitude doit s'assurer que les particuliers ne sont point lésés, et que les comptes des agens municipaux sont exempts d'erreurs. Enfin il serait à désirer que l'on donnât encore à ces Chambres le droit de décider sur toutes les demandes des communes de leur ressort, tendantes à obtenir l'autorisation de faire des travaux d'une utilité simplement locale, et par-là, à pouvoir disposer, soit des revenus communs, soit des résultats d'une taxe proportionnelle sur tous les habitans. Cette autorisation ne pourrait cependant être accordée, suivant les cas, que sur les avis des agens du gouvernement, le préfet et l'ingénieur en chef. D'ailleurs tous les travaux qui demanderaient le concours de communes situées hors du département ne pourraient s'exécuter que d'après les avis et les ordres du gouvernement, qui seul est censé pouvoir décider en principe de toutes les questions d'intérêt général. Cependant, et ceci est bien intéressant à préciser, ces attributions n'ôteraient en aucune manière aux agens du gouvernement le droit de proposer et de provoquer toute espéce d'amélioration, dans tous les genres, pour leur département seulement. L'avis de la Chambre serait alors nécessaire pour l'exécution des projets présentés par le préfet, et en cas de dissidence, le renvoi serait fait à l'autorité supérieure, qui déciderait.

La Chambre pourrait être revêtue du droit d'installer tous les chefs d'autorités militaires et administratives du département, sur un avis du gouvernement : installation dans laquelle on observerait l'apparat prescrit par les réglemens, dont l'effet moral est fort grand, et qu'on a si fort négligé depuis long-temps. Elle recevrait, de cette manière, le serment des fonctionnaires, et cet appareil imposant contribuerait assurément à lier plus étroitement les agens du gouvernement. Il devrait en être de même pour toutes les places subalternes dont l'installation se ferait par le chef supérieur ou son délégué spécial. La solennité de la cérémonie, le nombre des témoins, rendraient les consciences plus religieuses ; car on en est venu à ce point de relâchement et d'abus des règles de l'honneur, que beaucoup de personnes regardent le serment écrit comme une simple formalité d'usage pour l'occupation d'un emploi.

L'*instruction primaire*, objet si important dans ses progrès comme dans ses limites, devrait être placée sous la surveillance de la Chambre, qui serait chargée de propager et d'encourager la méthode d'enseignement dont on vient de faire divers essais si heureux en France, et qui est depuis long-temps usitée en Angleterre.

La police *médicale et vétérinaire*, dont on s'est trop peu occupé jusqu'ici, et qui mériterait de fixer davantage l'attention du gouvernement, devrait être aussi sous l'inspection et la surveillance de la Chambre.

Mais un objet bien plus important encore, le choix des maires des communes, dont la nomination est réservée aux préfets, pourrait être dévolu aux Chambres départementales. Je dis le choix, et non la nomination, car les agens du gouvernement n'auraient plus d'action sur ces fonctionnaires, s'ils ne pouvaient les nommer et les suspendre. Les Chambres présenteraient trois candidats aux préfets, qui, après avoir pris des renseignemens des sous-préfets, nommeraient aux places vacantes. Ainsi l'on pourrait sans inconvénient rendre aux administrés, dans la personne de leurs délégués, un droit dont ils sont si jaloux; limité à la vérité, mais limité d'une manière raisonnable et pour le plus grand bien général.

Enfin j'indiquerai une dernière attribution à donner aux Chambres départementales : c'est le droit d'être consultées sur l'objet des pétitions adressées à la grande Chambre pendant sa session, lorsqu'elle aura cru devoir les prendre en considération. Le renvoi leur en serait fait, pour les éclaircissemens préalables, avant de leur donner suite auprès du gouvernement. Peut-être vaudrait-il mieux exiger que toutes les pétitions soient préalablement examinées par les Chambres locales, et que celles qui leur paraîtraient raisonnables et fondées reçussent seules un avis motivé, sans lequel elles ne seraient point admises près de la grande Chambre. Je pense que ce serait un puissant moyen de débarrasser la commission actuelle de rapports peu convenables à la dignité de cette Chambre, en même temps que le gouvernement serait mieux et plus sûrement éclairé.

Dans toutes les attributions que je propose de donner à la Chambre départementale, on doit soigneusement observer que n'ayant néanmoins aucun pouvoir d'exécution, ses jugemens seraient renvoyés au préfet, seul dépositaire de ce pouvoir, pour l'administration générale, ce qui suffit pour ôter toute crainte d'un abus de puissance de sa part, où d'un conflit de juridiction. Toutes ces attributions étant parfaitement en harmonie avec la destination des membres qui la compose, serviraient efficacement à lui donner et à entretenir cette haute considération, et cette puissante influence dont elle doit jouir, pour agir avec efficacité à la formation du gouvernement départemental. Cette Chambre, par les fonctions dont je viens de parler, formerait une sorte d'administration provinciale centrale, résultat d'un accord de famille, entre le gouvernement et les administrés, d'une part, et un certain nombre de ceux-ci de l'autre, dignes de la confiance de tous deux, présentant suivant ses attributions diverses, ou un *arbitrage* pour juger les discussions qui peuvent s'élever directement ou indirectement entre l'administration et ses entrepreneurs; entre ceux-ci et les administrés, ainsi que les contestations d'indemnités entre les particuliers et les agens du gouvernement : ou bien une *transaction* entre les administrés et quelques hommes de leur choix pour asseoir toute répartition de charges ou d'impôts sur la masse, proportionnellement aux facultés locales et individuelles, et décider sur les réductions à faire en vertu de motifs valables. Véritable institution paternelle qui assurerait autant qu'il est désirable ; 1° la jouissance des propriétés ; 2° la communauté des sacrifices indispensables ; 3° la liberté de s'en imposer de nouveaux pour des travaux utiles de localités ; 4° l'administration des fonds et revenus communs régularisée d'une manière satisfaisante pour le gouvernement ; 5° et enfin les garanties contre les agens et régies du gouvernement. A ces grands avantages provenant de l'assurance des droits réciproques, ajoutez ceux qui résultent des attributions de la Chambre, comme foyer d'observations et de surveillance, ou comme centre d'opposition à toute usurpation de puissance dans le gouvernement départemental, et l'on trouvera, je pense, un ensemble assez désirable, qui contribuerait puissamment à accélérer le mouvement dans toutes les parties du territoire et dans toutes les branches de l'administration ; arrêtant tout abus de pouvoir et d'autorité, activant et déterminant la marche régulière des affaires de tous les genres. A ces grands moyens d'augmenter la prospérité nationale dans le calme, joignez la légalisation des mesures que nécessitent des circonstances extraordinaires, la promptitude, des moyens de répression pour le trouble et la révolte, et les garanties générales qu'offre cette organisation, pour le souverain, les lois et les constitutions. J'ose espérer que des motifs si puissans d'intérêt public vaudront à mon travail un examen approfondi. On ne doit point oublier qu'il est susceptible de rectification et d'amélioration, que des vues aussi importantes nécessiteraient les méditations et le travail de plusieurs années, mais que j'ai dû me presser dans l'état actuel des choses, de présenter les fruits de mes réflexions et de mon expérience, afin de les soumettre à l'examen des hommes d'état, dans l'instant où nous allons nous régénérer, et où les circonstances les plus favorables semblent être réunies pour donner toute la possibilité de manier les hommes, et de refondre les institutions qui ne seraient pas en harmonie avec nos constitutions. Heureux si le gouvernement y trouve des idées dont l'application lui paraisse salutaire et possible.

Je terminerai en observant que le préfet conserverait encore une assez belle portion d'autorité. Chargé de la transmission réciproque entre les volontés publiques et les intérêts particuliers, les fonctions de la Chambre ne l'arrêteraient en aucune manière dans toutes les idées d'amélioration générale qu'il pourrait avoir. Il aurait la procuration d'action dans toutes les parties de l'administration exécutive, mais il n'aurait plus l'action directe sur les personnes, ni sur les choses avec toute la latitude qu'il possède aujourd'hui.

Je n'ai point considéré les changemens que j'ai indiqués sous le rapport de l'économie des hommes ou de l'argent. Le nombre des employés de préfectures pourrait être diminué dans la proportion des affaires, et par conséquent aussi les frais de tous genres. Ceux pour l'assemblée du conseil général et des conseils d'arrondissement, ainsi que les traitemens des conseillers de préfectures seraient supprimés. Je crois que l'on peut porter par approximation ces économies au moins à 2,155,800 ainsi qu'il suit.

Conseils de Préfectures..........	481,800 fr.
Employés des Préfectures qu'on peut diminuer, je pense, de moitié.	1,000,000 »
Impressions, frais de Bureaux réduits dans la même proportion.	600,000 »
Conseils généraux.............	25,000 »
Conseils d'arrondissemens........	50,000 »
TOTAL...........	2,156,800 »
Sur lequel en diminuant les 6,000 fr. de traitement et frais de bureaux pour le Secrétaire de la Chambre départementale, qui se montent à	516,000 »
Resterait net d'économie...	1,640,800 fr.

RÉFLEXIONS

Sur différens sujets d'administration et de politique.

De la Réduction des Préfectures.

On paraît vouloir accréditer dans le monde l'idée d'une réduction de préfecture, avantageuse pour l'économie si nécessaire à établir dans l'état actuel des choses, non seulement quant à nos finances, mais aussi par rapport à notre étendue territoriale et au mode de gouvernement adopté. Cette réduction aurait lieu en augmentant l'étendue des divisions actuelles. Je crois que les personnes qui mettent en avant cette idée, n'ont pas réfléchi, qu'en augmentant l'étendue des cercles de l'action administrative, on détruisait l'harmonie des relations entre les dépositaires de l'autorité royale et les administrés. J'aime à croire que ce n'est pas au hasard ou bien à un simple calcul de géographie physique que l'on doit la division actuelle de la

France. On a dû sentir qu'il est un certain point dans les rapports de distance et de population, qui les rend plus faciles et plus sûrs, et que s'en écarter serait nuire essentiellement à l'harmonie de ces rapports. En effet, on reconnaît assez généralement, en principe de géographie politique, que dans un pays où la population est distribuée convenablement, où les accidens de terrain n'entravent pas les communications, les cercles d'administration ne doivent pas excéder 4 à 500,000 habitans. Nous voyons que plusieurs des petits Etats de l'Allemagne, où l'on a toujours admiré la bonne marche des affaires, la bonne police des villes, et assez communément une grande prospérité en tous genres, et un singulier développement dans l'instruction publique, sont des cercles où la population n'excède pas ce nombre. Tels sont les Duchés de Weimar, de Gotha, de Nassau, etc. Je crois donc que rien ne serait plus nuisible au bien général, que de donner une extension trop considérable aux centres d'action des administrations provinciales, surtout en France et dans les circonstances actuelles, où les autorités chargées d'assurer l'exécution des lois ont plus besoin que jamais d'être rapprochées des administrés. Dans l'étendue qu'ils ont aujourd'hui, il n'y a pas un préfet qui n'ait éprouvé des retards et des difficultés sans nombre pour l'exécution de certaines mesures, souvent fort simples : que serait-ce si l'éloignement des administrés au chef-lieu était plus considérable ? En fixant de 4 à 500,000 individus les cercles de division, j'entends parler d'un pays où des circonstances locales ne dispersent point une population d'un nombre inférieur sur une grande étendue de terrain, comme dans les pays de montagnes : car alors des difficultés de toutes les espèces se réunissent pour limiter le cercle à une moindre population. Je citerai comme preuve de ce que j'avance le département de l'Aisne, qui, sur une étendue de 749,183 hectares, offre 432,200 habitans ; tandis que celui des Basses-Alpes, sur 745,007 hectares, n'en a que 144,440. Je pourrais encore citer pour exemple, dans un autre sens, celui du Nord, qui, sur une étendue de 579,689 hectares, offre 839,850 habitans. On voit qu'ici la population a forcément fait restreindre le cercle territorial ; mais il n'y a personne qui ne sente qu'il est plus facile d'administrer un million d'individus rapprochés, que la moitié répandue sur une grande surface. Une raison non moins puissante semble devoir fixer, à cet égard, toutes les incertitudes : c'est l'impossibilité de modifier les mesures administratives selon les habitudes et les localités, si les centres d'action comprennent des territoires qui, par leur situation physique ou politique, ou bien par l'origine ou la religion de leurs habitans, sont essentiellement différens entre eux ; car s'il est généralement reconnu qu'un seul corps de lois et les mêmes principes doivent gouverner les hommes d'un génie semblable, et que dans un royaume peuplé par une seule nation, les institutions doivent être communes à toutes les parties de l'Etat, on ne peut s'empêcher de convenir en même temps qu'il est souvent nécessaire de restreindre, étendre ou modifier quelques mesures, lorsque des considérations locales l'exigent. L'on doit cependant s'arrêter là où l'on croirait que ces modifications peuvent tendre à conserver les habitudes morales qui s'observent quelquefois dans certaines provinces ; car le législateur doit toujours chercher à égaliser le caractère national, afin d'assurer une force partout égale à l'action des lois.

Ces modifications peuvent s'appliquer en général aux pays de montagnes, aux landes, à certaines frontières, aux côtes, à quelques provinces de l'intérieur où la circulation n'est pas active, et enfin à celles habitées par les descendans de races distinctes, et qui, malgré le pouvoir du temps, auraient encore conservé des différences marquantes: tels sont les Basques et les Bretons. Dans toutes ces situations, un genre de vie particulier, des propriétés d'autre nature, des genres d'industrie distincts, une population diversement répartie, des langues, des mœurs, des usages différens, demandent assurément des égards dans l'application des mêmes ordonnances : ce qui sera bien difficile si l'administration n'est pas limitée, autant que possible, à ces différentes situations. Il existe, à l'égard de ces modifications désirées, une convention tacite entre le gouvernement et ses délégués ; une latitude discrétionnaire est accordée par le fait à ceux-ci pour modifier, selon l'occasion, les règles générales, et l'impéritie où la mauvaise foi peuvent seules feindre d'ignorer cette convention.

D'après tout ce que je viens d'exposer, et sans faire le tableau de toutes les difficultés que présenterait une nouvelle division du territoire, des dépenses que cela occasionnerait au trésor, et même du mal que cela produirait sous beaucoup d'autres points de vue, je crois avoir montré combien la mesure dont il est question serait inconvenante, et que ces réductions, si quelques-unes doivent avoir lieu, sont praticables en très-petit nombre. Gardons-nous donc de la manie de défaire tout ce qui est fait ; soyons assez sages pour profiter des choses bonnes en elles-mêmes que nos longs malheurs et la plus terrible expérience ont pu nous faire remarquer, et tâchons de les adapter à une situation raisonnable et à un état de repos, pour la plus grande prospérité des individus et de la nation.

Des sous-Préfets.

Je crois utile de signaler une opinion singulière qui paraît s'être accréditée au sujet *des choix, dans le pays même, pour les places de sous-préfets*. Cette opinion, qui choque, selon moi, de la manière la plus directe, les principes d'harmonie que l'on doit respecter en administration, est aussi impolitique, dans les circonstances actuelles, qu'elle est peu fondée dans les motifs de nécessité qu'on fait valoir pour la soutenir.

L'on conviendra certainement que le meilleur moyen d'assurer la bonne marche des affaires, c'est de ne jamais opposer l'intérêt particulier à l'intérêt général, crainte de voir le premier l'emporter sur l'autre. Cependant si le sous-préfet administre dans le pays où il a sa famille, où il a ses propriétés, où mille considérations locales, tout le danger des coteries, et tant d'influence de toutes les espèces, peuvent agir sur lui, pense-t-on que cette situation tourne au profit du gouvernement, et même au bénéfice des administrés ? Pense-t-on que ce sous-préfet n'éludera pas, pour lui et les siens, et autant qu'il le pourra, sans se compromettre évidemment, tout ce que les ordonnances lui prescriront d'onéreux et de pénible? Comment, en effet, se défendre d'obliger ses amis de l'enfance? Toutes ces complaisances pour les autres ou pour soi-même, ne peuvent cependant avoir lieu qu'en blessant la justice, et aux dépens du gouvernement et de ses administrés en général. Ou bien, si ce fonctionnaire est honnête et délicat, comme on doit le supposer, on le place dans la pénible alternative de lutter sans cesse entre ses devoirs, ses affections et ses intérêts.

En considérant cette nomination sous un autre point de vue, plus important qu'on ne paraît le croire communément, celui de la pacification et de la tranquillité intérieure de la France, on conviendra qu'en plaçant à la tête d'une sous-préfecture un individu du pays, connu de tous ses administrés par son opinion et ses rapports sociaux, il est évident qu'on choquera les opinions qui seront contraires à celle qu'il a manifestée jusqu'alors : d'où naîtra une défiance d'autant plus grande qu'on le croira plus fortement attaché à ses idées, et d'autant plus générale que l'opinion inverse sera plus universellement répandue. On se méfiera des amis de ce fonctionnaire, qui, dira-t-on, vont le conduire, le diriger; on ira même jusqu'à penser que lui et ceux qui l'entourent vont satisfaire leurs vengeances personnelles : de-là un état de gêne, d'opposition et de mauvaise volonté impossible à détruire. C'est surtout chez les maires, avec lesquels il est sans cesse en contact, que ces sentimens auront plus de force et de danger : leurs fonctions, qui consistent beaucoup plus dans le zèle que dans les formes, seront remplies tiédement; l'administration générale en souffrira ; le sous-préfet s'en fâchera, provoquera des destitutions, et fera ainsi des ennemis au gouvernement, au lieu de lui gagner les cœurs. De cette manière, une cause locale, mais sans cesse active et puissante, suffit, dans ces places, comme dans les applications analogues que je pourrais faire, pour semer l'agitation, entretenir la désunion et propager cette inquiétude sourde qui mine peu à peu les fondemens des Etats. Mettez un sous-préfet étranger à l'arrondissement, tous ces inconvéniens disparaissent. On le croit également bon serviteur du Roi, puisqu'il est envoyé par lui ; mais les rapports et les dangers ne sont plus les mêmes, et il peut facilement concilier toutes les opinions et les réunir pour l'intérêt général, parce qu'il est beaucoup moins l'objet des méfiances.

Le principal motif que l'on allègue en faveur de la nécessité de placer les sous-préfets dans leurs pays, *c'est la modicité de leur traitement.* Il est cependant bien temps que l'honneur remplace l'argent ; car nous ne sommes plus assez riches pour payer au tarif de Bonaparte. On semblerait, par cette réflexion, vouloir faire les places pour les individus, tandis qu'il faudrait au contraire faire des individus pour les places. En effet, je crois qu'elles seraient mieux remplies si on admettait, en principe général, d'élever par un avancement progressif des sujets capables pour parvenir aux emplois supérieurs. Ainsi, l'on devrait, peut-être, considérer plus essentiellement qu'on ne le fait, la place de sous-préfet comme un premier échelon administratif, ou ceux qui se destineraient à cette carrière feraient leur noviciat pour être un jour préfet ou maître des requêtes. On pourrait exiger des candidats un certain revenu et des preuves préalables de capacité. Quand à l'insuffisance des émolumens a-t-elle arrêté quelques solliciteurs ? Et ne sait-on point que dans aucun temps il n'y a eu moins de dix à douze mille demandes pendantes pour ces places. On trouvera toujours plus de sujets qu'on en voudra lorsqu'on donnera un espoir d'avancement à celui qui se distinguerait et qu'on n'abaissera point les sous-préfets jusqu'à les considérer comme de simples délégués des préfets.

Les sous-préfets nommés comme les préfets directement par le Roi, de qui émane tout pouvoir exécutif, doivent être responsables envers le gouvernement et non point envers les préfets, par la même raison que ceux-ci, n'étant point les délégués des ministres, mais toujours les agens directs du Roi, sont également responsables envers le gouvernement et ne doivent nullement dépendre entièrement des ministres. En un mot, les différens agens d'exécution doivent être, en France *subordonnés* et non *dépendans* ; toutes les constitutions, tous les exemples possibles ne prévaudront pas sur le caractère national, qui ne se fera jamais à un mode administratif de cette espèc. Je dis en France, parce que le Français par habitude, et par besoins, aime à concentrer toutes ses affections dans la personne du Roi; que le Monarque, malgré l'existence des Chambres et du ministère, est le centre de nos espérances. Eh! qui voudrait s'attacher actuellement au sort d'un ministère, en prenant un emploi qu'on ne serait pas certain de conserver sous le ministère suivant? On aime, on veut servir le Roi et son pays; mais on ne se donne à un ministre que par une affection particulière. Tous les sujets animés d'un zèle éclairé pour leur Roi et leur patrie, voudront dépendre de S. M. pour leur sort et leur réputation; et pour que S. M. ait de bons serviteurs, il faut qu'un ministre ne puisse pas, selon ses caprices où d'après des dénonciations souvent intéressées, destituer et remplacer à son gré tous les administrateurs de l'Etat. Si les fonctionnaires ont cette assurance, ils auront de l'émulation, ils penseront que S. M. veille du haut de son trône sur leur conduite pour les récompenser ou les punir. C'est-là surtout à quoi l'on peut rapporter l'émulation étonnante que Bonaparte avait su établir chez les fonctionnaires ou employés de toutes les classes : aussi peut-il se vanter d'avoir été servi avec plus de zèle et mieux, sous tous les rapports, selon ses vues, que jamais aucun Monarque ne l'a été. Notre bon Roi aura aussi de bons et de zélés serviteurs, selon ses vues, qui sont celles du bien général, dès qu'on pourra se donner à S. M. et qu'on aura l'espoir de ne dépendre que d'Elle pour son existence ou sa réputation.

Le besoin d'une excuse ou l'envie d'avoir des créatures dépendantes a pu faire dire à quelques préfets qu'il leur était impossible d'administrer leurs départemens, si on leur envoyait de Paris des sous-psèfets inconnus : ils auraient mieux fait de dire incapables ou sans expérience, comme cela est arrivé si souvent depuis deux ans. Dans tous les cas on peut répondre hardiment que si l'administration en a souffert, c'est qu'ils n'ont pas su lui imprimer le mouvement convenable. Un sous-préfet qui débute est ordinairement timide et ne fait rien de lui-même : d'ailleurs il est si facile à son préfet de le retenir dans les bornes de ses attributions, en lui rappellant les vrais principes, qu'assurément cela n'offre que de légères entraves pour la marche des affaires. L'unité d'administration veut que toutes les mesures importantes soient dictées par le préfet, et l'intérêt général commande qu'elles soient circonstanciées par un arrêté, qui ne laisse rien à l'arbitraire des sous-préfets et des maires, et où le travail de ces fonctionnaires soit clairement et méthodiquement indiqué et caractérisé. C'est ainsi que dans un échelon supérieur le préfet ne peut prendre, de sa seule autorité, des mesures qui, par leur importance, sont réservées aux ministres. Ces différens agens d'exécution doivent donc être considérés comme étant dans un rapport proportionnel de pouvoir et de subordination. Il est fort inutile que le sous-préfet soit connu du préfet, cela serait plus agréable pour tous les deux, sans doute; mais pourvu qu'il fasse exécuter convenablement les arrêtés et instructions de ce chef immédiat, celui-ci ne doit pas en demander davantage, et c'est ce qui aura lieu s'il les précise convenablement. J'ai vu des exemples frappans du défaut contraire, c'est-à-dire, du vice de méthode chez quelques préfets, qui, placés dans ce poste difficile, sans avoir passé par aucun degré préalable d'instruction pratique, croyaient qu'une copie conforme des lettres ministérielles, adressée à chaque sous-préfet, suffisait pour assurer leur responsabilité et l'exécution des ordres. Qu'en arrivait-il ? que dans leurs différens arrondissemens chaque fonctionnaire subalterne interprétait la lettre à sa manière, que le plus grand désordre s'en suivait, et par contre coup, un murmure général chez tous les administrés. Un intérêt puissant commande au sous-préfet de ménager son préfet, et cette dépendance est assez forte sans chercher à l'augmenter encore par une autorité de parenté ou de protection spéciale, qui aura lieu si les préfets jouissent du droit de présenter les sujets pour ces places. Outre que l'on ôte ainsi à S. M. la plénitude des moyens qu'Elle peut avoir pour se gagner des cœurs et des serviteurs zélés, on diminue infiniment le prix des grâces ou des récompenses, précisément dans le moment où l'on ne peut payer les services rendus d'une autre manière. D'ailleurs cette dépendance, poussée si loin, devient dangereuse, et humiliante; dangereuse, parce que les sous-préfets ne s'opposeront point aux mesures des préfets qui pourraient être contraires aux lois et aux intérêts du Roi ; humiliante, parce que les hommes qui peuvent occuper ce genre d'emploi veulent, comme je l'ai déjà dit, servir le Roi et leur pays; mais non pas un préfet ou un ministre, et que s'ils sont peu payés, au moins ils veulent être considérés.

Dans le cas de négligence, d'insubordination ou d'abus d'autorité de la part d'un sous-préfet, le préfet peut, après des avis ou des réprimandes decentes et convenables, se plaindre aux ministres, et alors le sous-préfet peut et *doit* être, selon les règles de la justice, interpellé ou mis en jugement, selon la gravité des faits, et d'après la responsabilité dont il est passible. Mais qui est-ce qui peut l'interpeller ou le juger, sinon, dans le premier cas, le ministère du Roi, pour en rendre compte à S. M., et dans la seconde supposition, le ministère public, afin de faire appliquer les lois par les juges compétens? D'après ces principes si simples, d'où vient cette extension de pouvoir pour les présentations chez les préfets, et cette facilité avec laquelle les ministres destituent les fonctionnaires de toutes les classes? Que résulte-t-il de cette facilité à déplacer les fonctionnaires? qu'une destitution, qui a toujours été regardée comme une chose *au moins* humiliante, n'est plus considérée de cette manière, et qu'on détruit par-là cette crainte salutaire de perdre l'honneur, plus forte que celle de perdre sa place, qui doit offrir au gouvernement la plus puissante des garanties chez ses agens. En destituant injustement, l'on révolte : et ne peut-on pas dire que tout fonctionnaire vis-à-vis duquel le ministère ne s'explique pas, semble avoir le droit de se dire injustement puni? Ce droit n'existerait pas, qu'il l'évoquerait ; et pour le bien de la chose, ne serait-il pas plus à propos de lui faire connaître les justes sujets de plainte qui ont porté à le renvoyer ? Il se tairait sans doute alors, ou bien il se justifierait, et le gouvernement aurait la satisfaction de trouver un innocent. Dans l'un et l'autre cas, ce fonctionnaire ne cesserait point, s'il n'était qu'égaré ou calomnié, d'être un sujet fidèle et dévoué; au lieu de cela, si par un silence obscur qui prête à taxer d'arbitraire sa destitution, vous laissez l'amertume et le désespoir ulcérer le cœur du disgracié, peut-être une malheureuse occasion en fera-t-elle un scélérat. Cette généreuse communication, aussi politique que bienfaisante, est surtout utile dans un temps de révolution, où les passions sont habiles à colorer d'un faux zèle pour le bien de l'Etat, l'intérêt particulier qui les porte aux délations, aux calomnies, ou à ces insinuations jetées adroitement dans la conversation, d'autant plus perfides qu'elles paraissent ne point tirer à conséquence. Ainsi l'on a vu des ministres abusés par des manœuvres aussi insidieuses, donner aux dénonciateurs les places des dénoncés.... Exemple frappant de l'influence des temps et des passions.

J'ai dit que tout fonctionnaire, vis-à-vis duquel le gouvernement ne s'expliquait pas, avait un droit apparent de se dire injustement puni. Un ministre, dont je tairai le nom, répondait en 1814 aux nombreux destitués qui s'efforçaient de connaître les motifs de leur disgrâce, que *le gouvernement était libre d'accorder et de retirer sa confiance, et qu'il ne devait aucun compte à ceux qu'il renvoyait.* Oserai-je me permettre de combattre ce raisonnement captieux, si cruel, qu'il doit au moins donner une idée bien affligeante du cœur de celui qui a pu le proférer. J'ai toujours cru qu'il existait un traité tacite entre le gouvernement donnant sa confiance à un individu, et celui-ci se dédiant à son service (qu'on ne peut séparer ici du service de l'Etat), lui consacrant son temps, ses travaux; négligeant tout autre moyen d'assurer son existence, et tout autre genre d'illustration. J'ai cru, dis-je, qu'en dédommagement de ce sacrifice de toutes ses facultés, le gouvernement promettait et garantissait à cet individu sûreté, aide, protection, avancement progressif, récompenses méritées, et surtout stabilité de possession, tant qu'il n'aurait point démérité par une conduite blâmable ; et qu'il était de la justice, dans ce dernier cas, et avant de le condamner d'examiner ses torts, de les juger contradictoirement, et de lui en donner connaissance. Ces principes me semblent autant tirés du droit naturel que du droit politique des nations : s'il en était autrement, qui est-ce qui voudrait servir l'Etat ? Le gouvernement serait réduit à n'employer que de vils mercénaires, pour lesquels l'honneur n'étant point une monnaie d'échange, il faudrait qu'il se ruinât, crainte de les voir se vendre à toutes les parties intéressées. Qui est-ce, en effet, qui voudrait consacrer sa vie à servir l'Etat dans une place souvent peu lucrative, s'il craignait, par sa perte, de compromettre, à la fin de sa vie, son existence, celle de sa compagne, et le sort futur de sa famille ? Même dans un âge moins avancé, quel est le jeune homme qui voudrait suivre une carrière où il craindrait d'être arrêté dès les premiers pas par l'intrigue et la calomnie ? Ce contrat tacite, qu'on ne peut se refuser à reconnaître, entre le gouvernement et ceux auxquels il accorde un emploi, doit donc être respecté par les deux parties contractantes, sans quoi tous les liens sociaux peuvent être également violés impunément. Or, le gouvernement remplirait-il ses engagemens, si ses ministres renvoyaient ses agens d'une manière arbitraire; s'ils livraient aux horreurs du désespoir des individus, des familles entières, sans leur donner connaissance des motifs de leur destitution? Je le répète, il est fort à craindre qu'on ne qualifie d'acte arbitraire toute destitution faite sans motifs constatés, et sans avoir écouté l'accusé dans ses moyens de justification; car enfin, si les règles immuables de la justice défendent de dépouiller un individu de la plus légère possession légale sans un jugement préalable, pense-t-on qu'il soit moins important d'empêcher qu'on ne déshonore un fonctionnaire, qu'on ne le réduise, lui et sa famille, à la misère, sans une information et une décision régularisée d'une manière quelconque?

Je terminerai cette série de réflexions pénibles, en observant que je n'ai nullement prétendu m'élever contre les réductions que l'état des choses a nécessitées, ni contre les épurations indispensables que l'on a dû faire. J'ai seulement voulu signaler des abus malheureusement trop communs: abus d'autant plus difficiles à éviter, qu'ils ont précisément leur source dans le désir et la nécessité du bien général. Mais je ne saurais trop le répéter, c'est la circonspection, la justice, qu'il faut tâcher de ne jamais abandonner dans les épurations nécessaires ; car les ministres qui oublient ces préceptes sacrés font plus d'ennemis au Roi et de mal à l'Etat, que tous les partisans de Bonaparte ensemble.

De la réunion des Communes, des Maires des Communes rurales, de leurs fonctions, du Pouvoir municipal et des Etats civils.

Il n'en est pas de la réunion des communes comme de celle des préfectures : celle des premières doit s'effectuer partout où la grande proximité des habitations n'isole point les intérêts : le bien général réclame cette mesure, qui ne pourrait cependant point recevoir une application aussi étendue qu'on le penserait d'abord, mais qui diminuerait d'autant la difficulté généralement reconnue de trouver des sujets propres à exercer les fonctions de maires dans les communes rurales. Je pourrais citer, dans un seul arrondissement, jusqu'à huit ou dix réunions bien évidemment indiquées par toutes les convenances, tel que dans celui d'Oloron, département des Basses-Pyrénées. Je signalerai même celle de cette ville avec la commune de Sainte-Marie : ces deux villes n'étant séparées que par le Gave, qu'on passe sur un pont solide en pierre, devraient d'autant moins former deux municipalités, que ce n'est qu'avec une peine extrême qu'on trouve des sujets qui veuillent accepter les fonctions honorables de maire. Ici le Gave n'arrête point les communications; mais il existe dans tous les pays de montagnes une quantité de villages situés sur les deux bords d'un torrent, qu'il serait impossible de réunir sous une même administration, parce que leur importance ne leur permettant pas d'avoir un pont, souvent fort coûteux et fort difficile à faire construire, il est impossible de communiquer d'un bord à l'autre pendant une grande partie de l'année, à cause des crues subites et successives des eaux. Mais toutes les fois que ces réunions pourraient se faire sans choquer les intérêts des communautés, examen où l'on ne saurait apporter trop de prudence et de soins, les Chambres départementales, dont le témoignage ne saurait être récusé par le gouvernement, devraient être chargées de les provoquer, d'accord avec le préfet.

Quant aux plaintes justement fondées que l'on a si souvent répétées sur l'impéritie des maires de campagne, et les entraves qu'ils mettent à l'administration, je pense qu'elles tenaient évidemment à la situation des choses sous le gouvernement minutieux et tyrannique de Bonaparte. La conscription, la poursuite des déserteurs, les soins, le paiement des garnisaires, les réquisitions de tous genres, leur donnaient déjà beaucoup plus d'occupation qu'ils n'en pouvaient faire. Aussi, sous de certains préfets, le maire, l'adjoint, le secrétaire de la commune, les gardes-champêtres et leurs familles, étaient-ils toujours en haleine. Les premiers surtout, par un dévouement vraiment admirable chez des gens qui souvent ne vivent que de leur industrie, sacrifiaient tout leur temps et même leurs intérêts les plus chers pour ceux de leurs concitoyens. Cette énorme quantité d'affaires de tous genres qui écrasait les agens d'exécution; les précautions sans nombre qu'entraînait nécessairement le système de propriété exclusive du chef de l'Etat sur les hommes et leurs revenus; les détails sans fin de ces insupportables tableaux d'une aune de long, qu'il fallait remplir sur la population, les produits territoriaux, industriels et manufacturiers, sur la quantité et la qualité des terres, etc. : tableaux dont la vue seule glaçait d'effroi les pauvres maires de campagne, qui pour la plupart, dans certaines provinces, ne possèdent d'autre science que celle de savoir signer leur nom ; telles étaient les principales causes des plaintes portées contre ces fonctionnaires. Mais sous un gouvernement paternel et dans un temps de tranquillité intérieure, je ne doute pas qu'ils ne suffisent aux fonctions de leurs places. Cependant une cause très-puissante empêchera toujours le gouvernement de trouver dans les maires des agens absolument dévoués, c'est que leur intérêt personnel est presque toujours en opposition avec l'intérêt général. Sous un aspect, ils se trouvent être les agens de ce gouvernement, tandis que sous un autre, ils sont essentiellement *les hommes de leurs communes*. Cependant l'on peut dire que cette opposition de fonctions est bien moins forte aujourd'hui que sous la tyrannie impériale, et que les Chambres départementales, par les attributions que je propose de leur accorder, contribueraient à diminuer encore l'inconvénient de ces deux situations chez les mêmes individus, en réglant une partie suffisante des intérêts des communautés. D'ailleurs en fixant et étendant au besoin les attributions des conseils municipaux, ou pour mieux dire, en assurant davantage l'exercice des facultés dont ils jouissent, on préviendrait tout-à-fait le mal qui peut résulter de l'opposition dont il s'agit. Ainsi l'on ne conserverait au maire que les dépendances essentielles à maintenir, soit envers le gouvernement, comme exécuteur immédiat des lois et des réglemens établis, soit envers les administrés, comme défenseur et dépositaire de leurs intérêts généraux. Je ne crois pas qu'il soit politique, possible même, de séparer dans l'administration municipale, le pouvoir local de direction du pouvoir d'exécution transmis par le gouvernement; je pense que jusqu'à ce dernier degré administratif, ces deux pouvoirs doivent se maintenir et se surveiller mutuellement, mais qu'arrivé à l'administration municipale, il est impossible de les désunir : d'abord parce qu'on ne pourrait pas trouver des agens capables et qui voulussent de fonctions permanentes et obligatoires dans les communes rurales (1); mais ensuite, et sous un point de

(1) Peut-être cependant, cette observation ne doit-elle

vue bien plus important, cette double responsabilité est absolument nécessaire à la sûreté de l'Etat, surtout avec le système d'administration provinciale. Les communes se trouvant de cette manière placées sous l'autorité et la surveillance du gouvernement et de ses agens, cette constitution conserve éminemment cet esprit d'union intime qui ne doit jamais cesser d'exister entre tous les points du territoire et le centre des pouvoirs généraux, afin de contre-balancer l'esprit d'isolement qui doit forcément naître des considérations individuelles d'intérêts locaux. Tout gît donc, pour établir un bon système administratif, à chercher l'équilibre le plus parfait à donner entre la dépendance du gouvernement, conservatrice de l'ensemble comme corps, et l'indépendance de ce même gouvernement, sauve-garde de la liberté des individus et des communautés : forces de concentration et d'excentricité qui, en politique comme en physique, règlent le mouvement et assurent la conservation.

Ce que j'ai dit plus haut sur les travaux statis-

---

point s'étendre aux villes d'une certaine population ; c'est ce que prouvera l'expérience qui consacre ou détruit les institutions.

tiques dont on a été si fort engoué pendant quelques années, peut donner à connaître combien les résultats demandés étaient inexacts, sans omettre même les relevés de la population; car après un pénible travail, renvoyé quatre ou cinq fois aux maires par le sous-préfet, celui-ci, pressé par le préfet, qui l'était par le ministre, copiait les états de l'année précédente, le plus souvent calqués sur ceux des années antérieures, en retranchant ou ajoutant çà et là quelques chiffres pour masquer la fraude.

Mais comment obtenir de bons relevés de la population, même sur les registres civils, puisque ceux-ci ont été si mal tenus depuis la révolution? Outre le peu de soins qu'y apportent la plupart des maires des communes rurales, ces registres sont souvent entre les mains du secrétaire qui, malheureusement pendant le temps où la conscription, intéressait vivement les jeunes gens à se dire plus jeunes ou plus vieux, mariés ou veufs, usait lui-même de la faculté qu'il avait de s'inscrire comme il lui convenait le mieux, en déchirant ou tronquant les articles: bénéfice qu'il faisait partager à ceux des habitans qui le payaient le plus; heureux quand le maire lui-même ne s'en mêlait pas. Et tout cela sans croire le moins du monde manquer aux principes, ne se faisant point scrupule de voler quelques noms à la pyramide de gloire, où tous les braves, morts au champ d'honneur devaient être inscrits. Les abus de ce genre sont sinombreux que j'ai vérifié par moi-même que dans l'arrondissement d'Oloron, (et sans doute cela estainsisur tout le revers des Pyrennées où les habitans sont d'une finesse et d'une astuce remarquables), une grande partie des jeunes gens ne peuvent justifier de leur naissance d'une manière régulière; quelques-uns sont inscrits commefilles. D'autres comme mariés avec de vieilles femmes qui ne s'en doutent pas, beaucoup avec des prénoms différens de ceux qu'ils ont reçus, d'autres sont rayés comme étant morts et leurs actes de décès sont annexés au registre, quoiqu'ils soient pleins de vie. Ainsi le secrétaire d'une commune de la vallée d'Aspe, dans cet arrondissement, après s'être inscrit comme marié avec une femme âgée de cette vallée et s'être par-là soustrait à la conscription, se maria à l'église avec une autre, dont il changea après en avoir eu plusieurs enfans, pour épouser dans toutes les formes, une troisième femme. Ce qui est de plus singulier, c'est que la pauvre vieille qui apprit à l'époque de ce dernier lien, celui qui l'unissait et dont elle ne s'était pas aperçue, ne pouvait disposer de son bien sans le consentement de ce singulier mari.

Tous les abus si dangereux dont je viens de parler, relativement à la tenue des registres de l'état civil, naissaient plus de la situation politique des choses, comme je l'ai déjà observé pour les reproches d'incapacité faits aux maires, que de la nature des dispositions existantes et des principes des fonctionnaires. Aussi malgré qu'il soit urgent de faire enfin accorder entr'elles, pour la tranquillité et la morale publiques, les lois civiles et religieuses si long-temps méprisées, je pense que les registres de naissance et de décès, doivent continuer à rester entre les mains des maires (1); les lois existantes à ce sujet sont assez rassurantes et suffisent, à peu-près, pour éviter tous ces abus : l'on peut même avancer que s'ils ont été commis, c'est

(1) Ce qui n'empêcherait point que les ministres des différens cultes, ne tinssent par devers eux des registres analogues. Ce qui serait même utile pour assurer l'exactitude de ces importantes déclarations. L'état civil doit être essentiellement entre les mains de l'agent municipal et doit être séparé de l'acte religieux.

que ces lois n'ont pas été exécutées. Aujourd'hui, indépendamment de ce que l'on n'a plus le même intérêt à tromper le gouvernement, les fonctionnaires de toutes les classes qui concourent à assurer l'exactitude de cette tenue, seront plus attentifs à faire exécuter les dispositions qui les concernent. Par exemple la plupart des procureurs *impériaux* ne se donnaient pas la peine de faire les poursuites nécessaires pour la remise des doubles de ces états, au greffe de leur tribunal. J'aï vu souvent des communes qui gardaient encore ceux de plusieurs des années précédentes. Je crois donc qu'il suffirait de préciser davantage les lois et réglemens existans à cet égard; obliger à séparer les diverses natures d'actes, d'après la loi du 20 septembre 1792, sur quatre registres, 1° naissance et adoption, 2° mariages et séparations, 3° décès, 4°. minutes des publications de mariages et actes préliminaires de séparation: les trois premiers en doubles, et tous sur papier timbré. Ces registres seraient envoyés par le préfet aux sous-préfets qui les feraient coter et parapher par le président du tribunal de l'arrondissement, ainsi que le prescrit le code civil, de manière à être envoyés par le sous-préfet, aux communes avant la fin du mois de décembre de chaque année. Mais une disposition expresse que devrait mentionner la loi, c'est l'impression des formules de chacun de ces registres, formant une suite continue. Ce moyen qui se pratique à Paris, dans quelques mairies et dans certains départemens, pourrait devenir général au moyen d'une légère rétribution autorisée sur chaque commune; par-là on éviterait, je pense, tous les abus et on suppléérait à l'incapacité de beaucoup de maires ou adjoints pour la rédaction de ces actes. Les doubles des trois premiers registres et le 4e. seraient déposés dans le courant de janvier de chaque année aux archives des communes et au greffe du tribunal, ainsi que cela est usité : seulement on exigerait une vérification quelconque qui justifiât de leur présence dans les lieux indiqués, et on inviterait messieurs les procureurs royaux à mettre plus d'exactitude à faire appliquer l'amende décernée par la loi contre les fauteurs.

~~~~~~~~
~~~~~~~~

Des Légions départementales, de la Force armée en général et de son Recrutement.

En 1534, François Ier institua des légions à l'imitation des Romains : elles étaient levées par provinces et entièrement composées d'infanterie ; leurs officiers devaient être des mêmes pays que ces légions.

Si l'on doit juger de la subordination des troupes à cette époque, par le petit nombre de chefs que ce Monarque jugea nécessaire de leur donner, à coup sûr elle était bien supérieure à celle de nos soldats d'aujourd'hui. Ces légions, composées de 6,000 hommes, n'avaient cependant que six capitaines ; chaque capitaine avait sous lui deux lieutenans qui commandaient chacun 500 hommes, et deux enseignes, en sous-ordre ; il y avait en outre un centenier par cent soldats : ce qui fait par légion 6 capitaines, 12 lieutenans, 12 enseignes et 60 centeniers. Chaque compagnie de 1,000 hommes avait, outre ces 15 officiers, un *Cap-d'escouade* par 25 hommes, ce qui fait

40, plus 4 fouriers et 6 sergens; en tout 65 officiers ou sous-officiers : il y avait aussi 4 tambours et deux fifres. Dans l'état actuel de nos troupes, le même nombre de soldats exige 175 chefs de tous grades. A cette différence près, que peut bien demander celle des temps, on sera sans doute frappé des rapports qui se trouvent, entre la composition des légions d'alors et de celles d'aujourd'hui. François Ier. se réserva la nomination des colonels et des capitaines, et laissa aux premiers celle des lieutenans et autres officiers subalternes, nos chefs de légions présentent aussi les officiers des grades inférieurs.

Sans doute cette organisation détermina la formation des régimens, qui n'eut lieu cependant qu'en 1558, à la fin du règne de Henri II. Ce qui fait voir que les progrès de l'organisation militaire ne furent pas continus, puisque les légions, ne pouvant se compléter, ne subsistèrent que peu de temps, et que l'on revint à l'usage des *Bandes* de 3 ou 400 soldats, formant des compagnies séparées sous un capitaine presque indépendant.

Rien de plus heureux selon moi que cette formation, par légion, dans chaque département pour l'époque actuelle et pour réorganiser une armée, qui, par des guerres longues et lointaines, avait en quelque sorte séparée son existence et ses intérêts de ceux de la mère patrie. Par ce mode de formation les individus de tous les grades sont placés sous une surveillance plus immédiate des chefs civils et militaires. Les garanties qu'ils peuvent présenter au gouvernement sous le rapport de leur famille, de leur fortune ou de leur conduite avant leur entrée au service, seront mieux appréciées dans leur pays même; les choix seront donc plus faciles et plus sûrs. Cependant à voir, dans quelques départemens, le peu d'empressement des militaires à se réunir sous les drapeaux, et les obstacles que les maires éprouvent pour les y déterminer, on pourrait demander si nos légions, bien moins fortes que celles de François Ier. auront le même sort, c'est-à-dire si elles ne pourront se compléter? Ces difficultés, qui ne se présentent point partout, car un grand nombre de légions auront plus de sujets de bonne volonté qu'il ne leur en faut, ces difficultés dis-je, ne dureront pas; et au pis aller on userait des mesures de rigueur nécessaires, puisque tous les hommes qui n'ont point été réformés ou qui n'ont point reçu de congé absolu, appartiennent à l'armée. Mais sans recourir à ces moyens extrêmes, ce serait méconnaître l'esprit des soldats qui servent seulement depuis huit ans, que de penser qu'ils pourraient facilement se faire à une vie si opposée à celle qu'ils quitteraient, et que l'empire de l'habitude et l'attrait de la vie guerrière ne les rappelleraient pas sous les drapeaux. Après quelques momens donnés aux regrets d'une séparation pénible pour des hommes qui depuis long-temps n'avaient d'autre patrie que leur régiment ; après la première satiété d'un repos qui leur semblera bientôt ennuyeux, et surtout lorsque les sentimens entraînant de vénération, d'espérance et d'amour que le Roi commandent, auront subjugués leurs cœurs, nul doute qu'on ne voie ces guerriers se ranger à l'envie sous l'étendard destiné à leur faire oublier toutes leurs misères, en même temps qu'il doit conserver tout ce que leur gloire a de noble et de réel.

Mais si l'on envisage ce retard des militaires sous un autre point de vue, on peut y trouver un avantage important pour retremper le moral de l'armée. De ce que beaucoup de ces militaires restent dans leurs communes, on peut en inférer qu'un grand nombre d'entr'eux ont retrouvés des moyens d'existence. En leur laissant reprendre, par un séjour momentané dans leurs foyers, ces habitudes de familles, et ces rapports sociaux qui attachent l'homme à ses parens, à ses amis, à tous ses compatriotes, et au sol qui le vit naître ; on assurera ainsi la fidélité et la constance de leurs dévouement pour le service du Roi et de la France. Ceux-là seuls en effet feront de bons soldats, des serviteurs fidèles, composeront une armée nationale, qui auront resserrés les liens qui les unissent à leur patrie. Sans doute, un certain nombre des militaires qui composaient l'ancienne armée, n'ayant plus, ni parens, ni asile; ou bien, étant foncièrement corrompus par la licence, vivent errans, et préféreront des moyens illicites d'existence, à reprendre des obligations toujours pénibles pour des mauvais sujets. Ceux-ci devront être surveillés par les autorités, et la tranquillité publique ne sera assurée que lorsque le gouvernement aura pris le parti de s'en servir pour une expédition d'outre-mer. Oserais-je donc, d'après la considération des réflexions que je viens d'exposer, me permettre d'émettre une idée, que l'intérêt général seul me suggère, idée dont les hommes d'état, et surtout le ministre éclairé et juste qui est appelé à réorganiser notre armée, auront bientôt apprécié la possibilité d'exécution, et les avantages qui pourraient en résulter.

Je voudrais donc que la moitié seulement de l'effectif des corps restat sous les drapeaux, pendant que l'autre moitié serait dans ses foyers; tous les soldats alternant ainsi pour des congés annuels : dans les légions où l'effectif exigé n'est point complet, on aurait en admettant ce mode, tout le temps nécessaire pour le compléter avec des sujets choisis, et une fois la moitié de cet effectif réuni, les recrues successives fourniraient la possibilité de donner autant de congés aux premiers numeros portés sur les matricules.

Outre l'avantage éminent dout j'ai parlé, celui de renouveler les liens qui doivent unir l'armée à la nation, on pourrait encore tirer de ces dispositions un moyen d'économie d'autant plus important qu'il offrirait à l'État une épargne considérable, et que les charges qui nous sont imposées, demandent de créer des ressources pour y subvenir. Ainsi, la moitié de l'armée seulement, conservée annuellement sous les drapeaux, serait soldée, l'autre recevrait une indemnité de route pour le départ et le retour, qui ne serait jamais bien forte, puisque les déplacemens seraient rarement éloignés. Les officiers seraient aussi envoyés en congés à tour de rôle et par moitié, avec une indemnité proportionnée à leur grade. Dans l'artillerie et le génie, et peut-être dans la cavalerie, la quantité de ces congés ne devrait point être aussi forte; ces deux premiers corps pourraient même être exempts de l'alternat, si on le croyait nuisible à leur instruction. Si une réunion générale de la totalité de chaque corps était jugée nécessaire, comme cela est probable pour la tenue d'ensemble, la revue générale d'inspections, les grandes manœuvres, etc., cette réunion serait facile, en ne faisant partir la moitié dont les congés vont commencer que quinze jours après la rentrée de celle dont les congés expirent.

Pour conserver l'esprit de subordination, et une sorte de surveillance militaire, les commandans des départemens seraient chargés d'ordonner, et de surveiller des réunions partielles de tous les hommes en congés dans leurs départemens respectifs; réunions qui auraient lieu tous les mois, aux chefs-lieux d'arrondisemens de sous-préfectures, pour en faire l'appel nominal, inspecter leur habillement, et les faire manœuvrer au besoin. On pourrait même les utiliser pour l'instruction et l'émulation des gardes nationales, par un accord de dispositions sagement combinées entre le général commandant, et l'inspecteur général des gardes nationales.

De cette manière l'armée existerait sur les contrôles, et dans un cas de nécessité, un appel réunirait sous les drapeaux ou au dépôt de chaque corps, tous les soldats dispersés. Je dis au dépôt de chaque corps, parce que dans la supposition du déplacement de ceux-ci, je pense qu'il est essentiellement important, sous beaucoup de rapports, de maintenir les dépôts dans les pays où les corps ont été formés.

Cette moitié de l'armée conservée en activité de service, suffirait assurément pour la garde du petit nombre de places fortes qui nous reste, ainsi que pour le service de l'intérieur, pour l'instruction et la discipline des corps, et pour dresser les chevaux dans la cavalerie.

A quoi donc, la totalité de l'effectif des corps serait-elle nécessaire sous les armes? et sous quel point de vue pourrait-on ainsi l'envisager dans un état de choses, où une guerre pour notre compte est difficile à supposer, et que nous avons d'ailleurs tant, et de si grands intérêts d'éloigner? serait-ce donc sous le rapport de la tranquillité intérieure? tant qu'on prendra des mesures d'*ensemble*, dictées par la modération que donne la force des lois et de la justice; tant qu'on fera la guerre à l'action et non à l'opinion; tant qu'on sévira avec vigueur contre les individus coupables, et qu'on respectera les masses; tant que l'amnistie sera une grâce plénière pour le passé; tant que l'on respectera, et qu'on fera respecter la charte; tant que nous auront des ministres; *honnêtes gens*; tant que la cour et le ministère se défendront des cotteries, et tant que nous aurons des Bourbons pour nous régir, *la force militaire, politiquement, raisonnablement et en toute vérité, ne doit point être comptée comme moyen principal de conserver cette tranquillité.*

Si donc pour l'état de guerre qui est éloigné de toute supposition, pour le service des places ou pour assurer la tranquillité intérieure la réunion de toute l'armée n'est pas indispensable, pourquoi ne profiterait-on pas de cette disposition des soldats à rester dans leurs foyers, pour en tirer un moyen de soulager l'Etat et le trésor, de la moitié de la dépense de leur solde, et surtout pour améliorer l'esprit des soldats, en les laissant profiter des exemples journaliers qu'offre la vie domestique et reprendre ainsi, ce respect dû aux lois et aux autorités civiles et religieuses, dont ils avaient tellement perdu l'idée dans l'étranger, qu'ils croyaient même impossible à eux de s'y soumettre? Toutes les dispositions dont je viens de parler ne sont essentiellement applicables à l'organisation de notre armée, que pendant le temps où les troupes étrangères doivent occuper nos places fortes comme garanties des sommes que l'Etat doit payer à leurs puissances respectives. L'expérience seule ferait voir si elles pourraient être plus longtemps prolongées sans danger, soit dans leur ensemble, soit avec des modifications. Malgré que ces dispositions ne soient que des mesures de circonstances j'ose penser que l'importance des résultats que j'ai présentés, leur mériteront quelque attention de la part des hommes éclairés.

Une question importante va sans doute occuper dans peu les Chambres, c'est celle du recrutement de l'armée. Ce n'est qu'avec une circonspection bien naturelle que j'aborde une question aussi délicate, surtout d'après la manière dont je l'envisage.

L'armée ne peut s'alimenter que, 1° *par les engagemens volontaires*, 2° *par le recrutement*, 3° *par une obligation de service personnel imposée par les lois à un nombre nécessaire d'individus.*

Le premier de ces moyens est bien casuel, et de toute façon ne peut fournir que des résultats peu considérables, après une époque où toutes les classes de la société ont été épuisées pour le service militaire : il est donc insuffisant.

Quant au *recrutement*, c'est une sorte de séduction, qui, je pense, ne peut faire fortune dans l'état actuel des choses. C'est un métier, une sorte de chasse aux hommes pour laquelle il faut des chasseurs qui tendent des appats; si l'on ne voit point un recruteur bien habillé, faisant promener le tambour annonçant sa besogne, faisant sauter l'argent et montrant des chapons ou des dindons en broche, personne ne s'y prendra. Il faut encore des affiches, courir les cabarets et autres lieux publics. Malgré tous ces moyens employés autrefois avec succès, comme ils sont discontinués depuis long-temps, que l'on est en général fatigué du service, que le besoin de bras est fort grand, (la plupart des anciens militaires retirés n'étant guerre propres aux travaux de l'agriculture), je crois être fondé à avancer que le recrutement ne donnerait aucun résultat. Mais en supposant que ce mode d'alimenter l'armée pût fournir une quantité suffisante de soldat, qui est-ce qui ne se révolterait pas à l'idée de confier le sort de l'Etat à une armée composée par des moyens semblables? Que pourraient-ils procurer sinon de mauvais sujets, des gens sans aveu, des malfaiteurs ou de jeunes débauchés, qui peuplant l'armée d'ivrognes, de raisonneurs, de pillards et de déserteurs en temps de guerre, seraient perturbateurs du repos public en temps de paix? Nos mœurs, le gouvernement adopté, nos idées actuelles repoussent donc également un mode, insuffisant dans tous les cas; et qui ne peut offrir que des dangers éminens sans aucun avantage.

Reste donc à examiner le troisième moyen praticable pour recruter l'armée; *l'obligation d'un service personnel imposée par les lois à un nombre nécessaire d'individus*. Or dès qu'une charge devient obligatoire pour le bénéfice commun à un certain nombre d'individus, il est clair qu'il faut que toutes les parties intéressées participent à cette charge et concourent à fournir le contingent demandé.

On doit sentir que ce mode entraîne avec lui la nécessité de fixer le service militaire *à un temps court et limité*; car tous les individus devant y participer, il faut que ce service soit déterminé d'après la population, les besoins de l'Etat et le temps nécessaire d'expérience pour former de bons soldats : cinq ans me paraissent un temps convenable. Quant à l'âge auquel on peut commencer ce service, la nature doit le régler; ce doit être celui où les forces physiques sont communément parvenues à tout leur développement, il faut cependant combiner cet âge avec le temps généralement reconnu nécessaire pour l'instruction et l'éducation des hommes dans les diverses classes de la société : il semble assez naturel de le fixer à l'époque déterminée par les lois pour la majorité; ainsi à 21 ans tous les jeunes gens devraient être appelés à concourir pour former le contingent nécessaire au recrutement de l'armée; le sort en déciderait. Dans les remplacemens, permis d'ailleurs sous des conditions biens réfléchies, on devrait essentiellement éviter un abus funeste dans ses conséquences, celui d'introduire de mauvais sujets et des gens sans aveu dans les corps.

En temps de paix, et même en temps de guerre, qui ne sera sans doute jamais une guerre d'extinction comme celle de Bonaparte, la proportion du contingent à la quantité de concurrens, ne serait pas très-forte, et l'on doit penser qu'elle diminuerait chaque jour, par l'augmentation de population que procure la paix et le rétablissement de l'ordre. Ainsi, l'armée se renouvellerait tous les ans, d'un cinquième de ses soldats qui rentreraient dans leurs foyers, tandis qu'un égal nombre de nouveaux militaires viendraient prendre leur place. En supposant donc les forces de la France portées à 300,000 hommes, on aurait chaque année à en fournir 60,000 ; encore faut-il défalquer de ce nombre tous les soldats qui voudront rester de bonne volonté sous les drapeaux ; quelques engagemens volontaires, et enfin, tous les officiers et sous-officiers qui se vouent à l'état militaire, et qui, par conséquent, ne doivent pas être remplacés. On peut certainement évaluer ces exceptions à une diminution de 10,000 hommes, sur le contingent annuel, ce qui le réduirait à 50,000. Ce nombre porté à son *maximum*, surtout pour les premières années qui ne demanderont que peu de recrues, n'est pas la sixième partie de ce que Bonaparte enlevait chaque année à l'Etat ; et ce qu'il enlevait était consommé, tandis que tout porte à croire que sous le régime actuel, la plus grande partie sera rendue à la population et à l'industrie. La seule conscription de 1815, devait donner 160,000 hommes.

Comme les besoins de la société, en général, exigent des services de beaucoup d'espèces pour le soutien et la prospérité commune, il s'en suit qu'il est nécessaire d'exempter de sa défense, tous les individus capables de la servir avec distinction d'une manière également utile dans une autre carrière. Ce qui doit être constaté par des preuves reconnues de capacité.

Cette exception est d'autant plus raisonnable, qu'en général les connaissances nécessaires pour s'élever à une certaine distinction dans les états utiles à la société, demandent une continuité d'exercice, que le service militaire exigé, ne permettrait pas, et que d'ailleurs, l'homme ne doit à ses compatriotes que sa cote-part relative et proportionnelle de service, selon l'état qu'il a embrassé et la position où le sort l'a placé.

Ainsi les distinctions honorables et déterminées, reçues dans les études de tous les genres, qui ont pour but une utilité générale, seraient des motifs d'exception, dont le ministère du Roi serait chargé de faire l'application d'après des formes convenues.

A bien plus forte raison, les vices de conformation qui affligent certains individus, les malheurs de famille, l'infortune des positions individuelles, doivent-ils mériter des exceptions réclamées également par la justice et l'humanité.

Ainsi, les infirmités ou vices naturels de conformation dans tous les états et toutes les fortunes ;

Les fils de veuves dont les revenus ne passeraient pas une certaine quotité ;

Les soutiens indispensables des familles indigentes ;

L'homme reconnu indispensable à la culture de son bien pourraient être exceptés du service militaire ; et ces motifs, comme toutes les formalités nécessaires pour les constater, seraient jugés par les Chambres départementales.

Du principe naturel et sacré de la justice distributive dans ce mode de recrutement, résulte l'avantage inappréciable de n'offenser personne dans l'obligation du service militaire, puisque raisonnablement personne ne peut se plaindre d'une mesure générale, commandée pour le bien de tous. Mais en même temps que ce mode offre, avec la certitude d'obtenir le contingent nécessaire, l'avantage dont je viens de parler, il offrirait encore celui, non moins important, de fournir, pour alimenter l'armée, des individus de toutes les classes, de tous les états, de tous les rangs, de toutes les fortunes, intéressés par conséquent au maintien de l'ordre, à la durée de la paix, a la fin de la guerre, à ne combattre que pour l'honneur et l'indépendance de la patrie, et par-là, formant une armée essentiellement nationale.

Ce système semble donc être le seul praticable, comme le seul juste et convenable à employer pour alimenter l'armée dans l'état actuel de notre législation, et dans la situation présente de nos mœurs et de nos idées. La tranquillité des gouvernemens, l'intérêt général des citoyens de tous les pays, réclament l'adoption de ce mode de recrutement, comme le seul moyen d'obtenir des armées, dont les membres soient vivement intéressés à rentrer dans leurs foyers, après le temps de service obligé et qui ne regardent plus la guerre, comme un but de conquêtes, et le moyen de s'enrichir par le pillage où les concussions; mais qui considèrent leur réunion comme une mesure nécessaire pour soutenir et faire respecter le Monarque et l'indépendance de l'Etat, assurer le repos de leurs familles, et la sûreté de leurs propriétés. De telles armées deviendraient moins facilement, entre les mains d'un conquérant avide, les instrumens d'une folle ambition, parce que, malgré qu'on puisse en général établir en principe que celui qui est le dépositaire du pouvoir, peut avec du talent et de la fermeté dans la volonté, faire mouvoir les hommes comme des marionnettes, cependant, on doit convenir en même temps, qu'une sage politique arrêtera toujours un Monarque dans l'entreprise d'une guerre injuste, où dont l'ambition seule serait le motif, lorsque ses armées, au lieu d'être composées de mercénaires, ne dépendant de la patrie par aucuns liens, seront formées de citoyens de toutes les classes attachés à leur pays, par tous ceux qui unissent les membres des sociétés policées. Ne pourrait-on pas même avancer que le système de recrutement dont il est question, étant adopté dans toute l'Europe, comme tout porte à croire qu'il le sera, d'après la considération des avantages qu'il procure, diminuera la fréquence des guerres ; surtout lorsqu'il suivra comme on peut le présumer, l'adoption générale du système représentatif pour une monarchie tempérée ? On me pardonnera sans doute cette douce chimère que, sans esprit de prévention, on peut bien croire raisonnable à supposer, si l'on admet cependant qu'on peut *ordinairement* compter sur les effets d'une cause connue. Ce serait ici l'occasion de rappeler ce que j'ai déjà observé en traitant de la force militaire, considérée dans une monarchie absolue, et dans une monarchie tempérée, afin de signaler les garanties que des armées nationales offrent aux Monarques, comme aux peuples, contre toute espèce de séduction et de séparation d'intérêts avec l'Etat. Le service court et limité, auquel serait obligé chaque individu, ne l'empêcherait pas de reprendre, après y avoir satisfait, l'état auquel on l'avait destiné par son éducation, de se remettre à des études suivies pendant long-temps avec ardeur, de donner encore des soins à ses vieux parens, et de contracter à temps de nouveaux liens destinés à perpétuer les serviteurs de l'Etat. Ainsi seraient remplis tous les vœux de la nature et tous les besoins de la société ; ainsi s'affaiblirait cette masse d'hommes, dévoués par état à se battre, à cinq ou six sols par jour, et toujours aux ordres de celui qui veut les soudoyer: existence individuelle autant opposée aux lois de la nature, comme aux règles de conservation sociale.

Il est cependant nécessaire d'observer que dans la quantité d'individus destinés chaque année à recruter l'armée, il en est qu'une vocation particulière et des talens distingués appellent à s'élever et à commander les autres: cette tâche honorable demande nécessairement une continuité de service pour acquérir l'expérience indispensable aux hommes de guerre; ceux-la seuls, libres dans leur volonté, n'ayant d'autres liens que ceux que l'honneur et le devoir imposent, consacrant leur vie et leurs talens à la défense de l'Etat, négligeant par conséquent toute autre carrière et la plupart du temps tout autre moyen d'illustration, ne participeront certainement point aux vices que contractent nécessairement les soldats qui servent par état et sans presqu'aucun espoir d'avancement, étant incapables d'occuper des grades. L'honneur, le devoir et l'intérêt assurent donc la fidélité et la constance des chefs, et de ceux que l'éducation, la puissance, la fortune, les talens, la naissance ou les services héréditaires, destinent à le devenir.

Ces distinctions, ces moyens puissans de se frayer un passage à travers toutes les difficultés, seront suffisans, sans qu'il soit nécessaire de déroger aux règles établies, pour tirer dans peu de la foule ceux qui sont destinés par-là à s'en distinguer. Ainsi la première condition que doit commander un mode de recrutement, comme celui dont je parle, c'est l'égalité de droit à un avancement progressif, mérite égal d'ailleurs; car on doit soigneusement observer ce principe fondamental du pacte social, *que dans les sacrifices imposés pour le bien de tous, les avantages et les désagrémens qui en résultent, doivent être balancés et distribués avec justice sur toutes les parties intéressées.* Principe d'autant plus naturel, que sans y manquer, l'on peut tenir compte à ces diverses parties de tous les droits qu'elles peuvent avoir à des exceptions fondées sur les qualités que donnent l'éducation.

Le système de recrutement dont je viens d'exposer les principes essentiels, paraîtra tellement simple, équitable et naturel, que l'on ne peut raisonnablement présumer qu'il soit rejeté par personne. C'est ce qui me fait penser qu'on ne cherchera point à diminuer l'intérêt qu'il présente par l'analogie qu'il offre avec le mode usité sous Bonaparte, et qui était devenu si odieux à la France. On ne peut cependant s'empêcher de reconnaître qu'il en est de ce mode comme de toutes les mesures que les Rois ou les peuples prennent pour assurer leur félicité ou leur conservation; les plus salutaires deviennent quelquefois pernicieuses par l'usage immodéré qu'on en fait : ainsi l'abus de la conscription a causé des désordres effrayans dans la société. Mais ne pourrait-on point espérer qu'un moyen analogue puisse fournir d'heureux résultats, étant employé avec la modération que la raison commande; modération d'autant plus supposable qu'elle dépend de la partie législative ? Je dis plus, c'est que le système actuel de gouvernement, entraîne forcément le mode de recrutement de l'armée *par une obligation légale de service individuel*, et que tout ce qui sera proposé à ce sujet, sera rejeté ou ne présentera que de légères modifications du principe que je viens de poser. Car on ne saurait disconvenir que le but essentiel d'un bon système de recrutement doit être, *d'alimenter l'armée de la manière la plus facile, la plus assurée, la plus juste, la plus économique, avec les élémens les plus parfaits et les plus rassurans pour la conservation et l'ordre de la société, de manière à laisser dans une parfaite sécurité le reste des citoyens*. Savoir si l'on résoudra ce problême d'une manière plus heureuse que celle dont je viens de tracer le plan, et dont je suis loin de réclamer l'invention.

Par exemple M. *Wolfe-tone* (1), dans un ouvrage plein de mérite, tout en rejetant la conscription qu'il reconnaît comme le moyen le plus simple, le plus assuré et le plus économique, pour recruter l'armée, projette cependant une véritable levée d'homme, prise à la vérité dans des bataillons de gardes nationales organisés militairement, mais pour laquelle il faudrait certainement suivre les règles qui caractérisent tout service imposé par les lois, et rentrant par-là dans les principes d'une véritable conscription. Le désavantage du projet de M. Wolfe-tone, c'est de tenir une trop grande quantité d'hommes, dans l'inquiétude de leur sort, et tous ceux de dix-huit à vingt-cinq ans, dans un service trop gênant, et auquel on ne pourrait jamais les astreindre : service nécessité dans son projet par la destination des bataillons de gardes nationales, pour le recrutement de l'armée.

---

(1) Essai sur la composition de la force armée, par M. Wolf-tone, lieutenant de cavalerie, etc.

Je suis cependant de l'avis de ce militaire, quant à la composition de la force armée par une partie active, sans cesse sous les armes et constituant l'armée, proprement dite, puis par une seconde portion essentiellement sédentaire, formant la garde nationale. Cette composition est surtout essentielle dans un moment comme celui où nous nous trouvons, après des révolutions successives qui ont jeté tant d'individus hors de leur position habituelle. Par ce moyen tous les citoyens encadrés dans une organisation militaire, se trouvent indépendamment de la surveillance des autorités civiles, placés sous celle d'une série de chefs subordonnés les uns aux autres, et qui étant bien choisis, pourront contribuer de la manière la plus efficace à rétablir l'union, fomenter un bon esprit dans les diverses légions, surveiller les gens équivoques, les retenir dans les bornes du devoir, ou les rappeler à des opinions plus convenables par cette police intérieure et de famille qui s'établit naturellement entre des concitoyens tous intéressés au bon ordre. Il serait difficile d'ajouter quelques choses à toutes les dispositions prises en 1814, pour l'organisation de la garde nationale; les ordonnances rendues à ce sujet sont des chefs-d'œuvre de précision, de méthode et de bonnes vues.

La seule chose que l'on doit désirer, c'est de voir régler d'une manière convenable l'accord entre le service actif et le service sédentaire des deux parties composant la force armée, de manière à concilier tous les intérêts, comme toutes les convenances. Je pense aussi qu'il serait à désirer que personne ne pût aspirer à remplir aucun emploi civil ou judiciaire, sans justifier, soit d'une exemption légale de service militaire, soit d'un congé de réforme ou de retraite, soit d'un certificat constatant qu'il a rempli le temps voulu : ainsi chez les Romains, personne ne pouvait exercer une magistrature, s'il n'avait fait dix campagnes. Les individus libérés seraient obligés de justifier de leur inscription et de leur activité dans la garde nationale, jusqu'à l'époque fixée par les réglemens. A cette occasion je ne puis m'empêcher de rappeler une disposition qui me semble très-sage, et qui, comme celles dont je viens de parler, contribuerait à donner de l'éclat, de la considération au service de la garde nationale et à alléger pour tous, le poids des obligations qu'elle impose : cette disposition, d'un décret relatif à la légion d'honneur, obligeait tous les individus, autres que les militaires qui prétendaient à la décoration, à *justifier de leur inscription sur les contrôles de la garde nationale, et de l'exactitude de leur service dans ce corps.* Ce serait assurément un moyen efficace pour obtenir l'exactitude, et la bonne volonté de la part d'une quantité d'individus qui s'en exemptent.

De la nécessité de s'occuper des positions individuelles, pour assurer la tranquillité intérieure de la France.

Ce n'était point assez de cette tendance irrésistible et naturelle de tous les hommes, à s'élever au dépend des classes supérieures; ce n'était point assez de cet esprit de vertiges qui s'est emparé de toutes les têtes, causes fatales qui ont amenées la révolution; il fallait encore pour activer cet essor pernicieux, qu'un génie destructeur de l'ordre social s'emparât de tous les ministres de pouvoir depuis vingt-cinq ans, afin de mettre alternativement en *circulation*, s'il m'est permis de m'exprimer ainsi, la moitié de la nation pour conquérir et gouverner l'Europe.

Cet infernal génie dirigeant les gouvernemens éphémères qui ont désolés la France depuis cette époque, et qui tous, en s'élevant, voulaient appuyer leur fortune nouvelle sur celle d'un grand nombre de dépendans; ce génie, dis-je, touchant de sa torche ardente, une foule de gens de tous les états, de tous les âges; versant dans leurs cœurs l'orgueil, une folle espérance, des désirs sans bornes, l'aveuglement, et par suite, la frénésie du pouvoir; distribuant avec des places, l'argent et les honneurs; élevant ou abaissant les hommes, selon son caprice; et déplaçant ainsi la moitié de la population, semble avoir fait de la France une société d'esprits malades, occupés avec tout le sérieux et la perversité de l'âge mûr, à ce jeu, où dans une agitation perpétuelle, une troupe d'enfans courent sans cesse après une place nouvelle.

Avant la révolution, il y avait assez généralement des états fixes, dans lesquels le fils succédait à son père; il y avait des situations caractérisées, des carrières assurées où l'on était habitué à donner l'essor à ses talens; chacun dans celle qui se trouvait à sa portée ou que ses pères avaient suivie. Ainsi, la population semblait être distribuée dans une certaine quantité de cercles d'ambition, dont on sortait rarement. Tous les individus suivaient donc une route tracée, dans laquelle à moins d'événemens rares et fortuits, on ne parvenait à un but un peu éloigné, qu'après nombre d'années de travail et d'épreuves de tous les genres. Les exemples d'un avancement extraordinaire n'étant point communs, la vanité de la foule des prétendans n'était point choquée. On cheminait plus modérément, par conséquent le gouvernement était plus assuré et les citoyens plus tranquilles et plus heureux.

On me répondra à cette peinture d'un état stable et de paix, qu'il y avait aussi moins d'émulation entre les individus des différentes classes, et qu'il serait bien peu *philosophique* de chercher à la diminuer ou à l'anéantir; cette réponse est vraie dans un sens. Mais que pense-t-on qu'il puisse arriver dans une assemblée considérable de gens également animés de la soif de l'or et des honneurs, et persuadés que tous ont des droits égaux à les posséder, à laquelle un petit nombre d'hommes depuis long-temps en possession du gouvernement, donnerait le signal de la révolte? Cette foule agitée de convulsions soudaines, en se précipitant pour s'emparer des places des occupans, en feraient autant de victimes ; les plus forts, d'abord possesseurs, seraient bientôt égorgés à leur tour, et sans doute, on doit présumer que la lutte ne finirait qu'avec les concurrens. D'où l'on doit conclure que si l'émulation est nécessaire à entretenir dans un Etat, les législateurs habiles, même pour leurs intérêts, doivent la maintenir dans de justes bornes. La peinture des désordres de cette assemblée offre à peu de chose près, une idée exacte de ce qui s'est passé en France, dans les premiers temps de la révolution. Mais sans parler de ce qui s'est fait avant Bonaparte, qu'on se représente dès-lors, la moitié de l'Europe envahie et gouvernée par des Français : voyez les conscriptions successives, les vélites, les gardes d'honneurs, les employés de toutes les espèces à la suite des armées, les auditeurs, maître des requêtes, conseillers d'état, tribuns, sénateurs, députés, intendans, préfets, sous-préfets, conseillers de préfectures, commissaires particuliers et généraux de police, espions de tous les genres, enfin, toutes les légions des droits-réunis : voyez, dis-je, toutes ces armées, d'uniformes et d'intérêts divers, se répandant en ordre de bataille, en Hollande, en Prusse, dans toute l'Allemagne, en Autriche, en Pologne, en Russie, en Danemarck, en

Italie, en Portugal, en Espagne. Qu'on se figure les uns et les autres logés et nourris plus ou moins militairement chez les individus les plus aisés de tous ces pays-là; usant de la maison, des chevaux, de la cave, de la bourse, et quelquefois même de la maîtresse du logis, comme de leurs propriétés privées, et qu'ensuite, en continuant la fiction, on se représente toutes ces armées obligées à rentrer spontanément dans les limites resserrées de leur patrie ; les militaires réduits au pain de munition, et à la discipline; presque tous ceux qu'une fortune subite avait élevé, ne pouvant plus se faire à la vie bourgeoise, et se trouvant trop gros pour leurs petites maisons : d'abord, ils sont étonnés d'un revers si funeste ; mais bientôt, ils fixent d'une œil d'envie les places de leurs collégues de France : que d'yeux ouverts alors !.. Que de gens mal à l'aise, que d'amour-propres blessés, comment donner à tant d'individus la vertu qu'il faudrait pour se faire à des positions si pénibles; car on s'habitue vîte à jouer un rôle. Mais pour comble de disgrâce, le grand patron, le général en chef de toutes ces armées, est lui-même dépossédé, et avec lui s'évanouissent toutes les espérances de rentrer dans les positions si douces qu'on venait de perdre.

Nos anciens maîtres remontent sur le trône des Louis et des Henri, et les justes prétentions des anciens serviteurs, impossibles à satisfaire, et pour lesquelles on fit trop peu alors, augmentent la masse des mécontens, et placent ainsi à côté des armées de Bonaparte une petite armée d'une autre espèce, également composée de gens dont les prétentions étaient déçues mais qui du moins n'était pas hostile.

C'est ici l'occasion de déplorer que cet état frappant des positions individuelles en France n'ait pas été mieux senti par le ministère du Roi à cette époque. Il fallait pour y remédier de la bonne foi, s'élever au-dessus de toutes les passions, voir la France en masse, agir avec adresse, et établir une sévère justice dans la distribution des places et des emplois; les déplacemens et les placemens ne devaient point s'effectuer dans les provinces où l'on était trop directement sous l'influence des coteries, c'était du centre et après des renseignemens positifs qu'il fallait épurer les employés de tous les genres. Si l'on voulait mettre en circulation dans les places des hommes nouveaux, c'est-à-dire n'ayant jamais servi l'Etat ni le prince; faire concourir comme cela était juste, ceux qui par leurs principes, ne s'étaient mêlé de rien pendant la révolution, il fallait le faire avec mesure, choisir les hommes les plus justement considérés, et toujours d'après une marche uniforme, et jamais d'après l'influence des coteries ou de la protection; surtout faire mériter à ceux qui n'avaient jamais servi leur élévation par des services progressifs. Mais une foule d'administrateurs, d'officiers sans titres, étant venus prendre des places considérables que la justice voulait qu'on réserva à ceux d'entre les deux armées que j'ai signalé plus haut, qui, à la capacité reconnue, eussent réunis les vertus et le caractère propres à inspirer de la confiance au Roi et à la France; le mécontentement s'accrut, surtout par des comparaisons frappantes, et le génie du mal sourit aux ministres qui secondaient si bien ses infernales intentions : il n'aurait pas trouvé son compte à l'adoption d'un système propre à calmer tous les esprits. Il eut été cependant assez facile de trouver dans cette masse considérable de serviteurs, en *circulation* avant et pendant la révolution, le nombre nécessaire de gens sûrs, capables et zélés pour faire les changemens indispensables à effectuer; car sans parler des anciens serviteurs dont le dévouement n'était pas douteux, l'on sait assez que ces armées de toutes les espèces rentrées à la chûte du grand empire, ainsi que les administrations de tous les genres en France, étaient composées de gens de tous les états, de toutes les fortunes, de toutes les classes, même de grands seigneurs de l'ancienne cour; et que parmi toutes ces classes il y avait des gens probres, délicats, pleins d'honneur, de talens et de caractère, la France entière ayant servi Bonaparte, qu'on n'avait certainement pas l'espoir de perdre lors de son mariage avec une princesse d'Autriche. Aussi la plupart de ceux qui au retour de notre bon Roi, ce sont fait un mérite de n'avoir pas servi l'usurpateur, n'ont point avoué que vingt fois peut-être ils avaient sollicité cet honneur sans succès, et il fallait être bien incapable pour être refusé, car on sait assez qu'il tirait parti de tout le monde (1). Qui est-ce qui n'a pas été révolté de la conduite du ministère avec la chambre des députés; n'a-t-on pas vu acheter avec des places, des décorations, des grands cordons beaucoup de ces hommes dont une partie était si usée par une *circulation* de vingt-cinq ans?

---

(1) Combien aussi sont appréciables ces hommes qui par principe ont résistés à toutes les séductions?

Aussi les armées des mécontens, des apathiques et des egoïstes dont la France était composée en ouvrant leurs rangs, laissèrent arriver jusqu'au palais des souverains légitimes, le tyran que la France entière avait rejeté de son sein un an auparavant. Alors, ô! douleur ô! honte pour notre nation on vit la vertu, la justice, l'honneur des trônes; le Roi, nos princes, obligés de quitter une seconde fois cette patrie qui semblait les méconnaître. Ils s'éloignerent entourés de serviteurs fidèles qui jamais ne les quittèrent; d'un petit nombre de gens, heureux par leur position de pouvoir suivre leur fortune; de quelques autres d'un caractère admirable, qui surent tout sacrifier au devoir, et au soutien de notre Monarque infortuné; et dois-je le dire, de ceux aussi, dont la plus inconcevable imprévoyance avait causé leur malheur et celui de la nation, dont l'égoïsme et l'entêtement avait refusé de reconnaître ce que toute la France voyait et craignait depuis longtemps.

Le génie des déplacemens précède l'usurpateur, la tourbe révolutionnaire se ranime à la vue de l'homme qui la déprima long-temps, et dont elle faisait alors l'appui le plus sûr, et le plus intéressé à le soutenir. Il ordonne une épuration générale, et cherche à allumer de nouvelles ambitions, pour étayer l'édifice monstrueux qu'il voulait rétablir, et qui s'écroule bientôt devant le maître légitime.

Une nouvelle épuration s'opère encore, et une nouvelle quantité d'individus nouveaux sont mis en circulation, à côté d'un certain nombre de ceux que S. M. avait précédemment nommés, et qui avaient été déplacés par l'usurpateur. Ainsi tour-à-tour élevés et abaissés sous divers gouvernemens, tirés du néant pour y rentrer peu après, un quart peut-être, des individus actifs en France sont sortis de la position où le sort les avaient placés, ont goûtés d'un état plus heureux ; beaucoup même ont savourés les honneurs, le crédit, l'aisance que procurent les emplois et les dignités lucratives, pour souffrir ensuite à côté des possesseurs nouveaux, les tourmens que causent les intérêts, l'amour-propre blessés, l'injustice et souvent aussi la misère. Car dans le nombre des victimes de tant de révolutions, il existe des hommes âgés, des pères de famille qui ont travaillés pendant vingt ans à s'assurer un sort, et même des jeunes gens auxquels la perte d'un emploi ôte tout moyen d'existence. J'ai dit que ces individus souffraient aussi les tourmens de l'injustice, parce qu'en effet, en leur accordant sa confiance, un gouvernement consacrait des droits que l'amour-propre individuel légitimait d'autant plus, qu'ils étaient ensuite illégalement contestés par un autre. Je dis illégalement, parce que la mesure d'une expulsion générale de tous les individus nommés par le gouvernement précédent, n'étant point adoptée, on ne pouvait en dépouiller aucun, sans des motifs particuliers *reconnus et suffisans* de disgrâce.

Pour donner une légère idée de tous les déplacemens qui se sont opérés depuis la chûte du grand empire, je vais citer ceux qui ont eu lieu parmi les sous-préfets; je dois avertir que mon calcul est très-imparfait, mais qu'il ne pèche pas du moins par l'exagération.

Il y avait à la chûte de l'Empire environ 510 sous-préfets, dont 80 nés dans les pays conquis, reste	430	
Ce nombre a été réduit à la cession des conquêtes à 364, restés sans places		66
Sur les 364 conservés, *au moins* 182 ont été remplacés		
	430	— 66

Ci-contre	430 —	66
à l'arrivée de Sa Majesté par des individus nouveaux dans les places	182	
Restés sans places, par ce changement		182
Au retour de Bonaparte un quart d'individus nouveaux ont été mis en circulation dans ces places	91	
Restés sans places		91
Au retour de Sa Majesté un cinquième au moins des fonctionnaires ont été remplacés par des sujets nouveaux	72	
Restés par conséquent sans places		72
TOTAUX:	775 —	411

Voilà dans 775 individus français qui ont occupés des sous-préfectures pendant plus ou moins de temps, depuis l'année 1813, et dont 411, sont sans emplois ; il est bon d'observer que ces quantités, bien éloignées de la vérité, ne comprennent pas les nominations provisoires, qui ont aussi élevés des droits, excités des ambitions ; ni les destitutions partielles, ni celles qui ont eu lieu au changement du dernier ministère, qui se montent bien à quelques douzaines ; ce qui joint aux soixante-dix sous-préfets, des chefs-lieux, supprimés dernièrement, et qui portent mon premier nombre de 411 à 481 sous-préfets, restés sans places, peut faire dire avec assurance, que chaque sous-préfecture est enviée par, *au moins* deux individus qui prétendent avoir des justes titres à l'occuper; titres fondés sur une possession antérieure que tous croyent avoir été légitime, et dont tous se croyent privé injustement. Ce qui est évidemment faux pour beaucoup; mais le résultat est le même, quant à l'agitation que cet état de choses entretient dans les esprits. D'autant mieux que des comparaisons particulières prêtent à faire accuser le gouvernement de partialité, lorsque l'on voit des individus nommés par le Roi, ayant même donnés leur démission à son départ, et qui depuis ont été persécutés, comme partisans de la cause royale, n'être point replacés au mépris de l'ordonnance du 7 juillet, et que l'on en voit d'autres qui ont accepté des fonctions de Bonaparte, qui ont signé le serment de le servir fidèlement, sanctionné l'acte additionnel aux constitutions, être revêtus d'emplois honorables, qui supposent la confiance du Monarque, et jouir ainsi d'un avantage qui semblait devoir être réservé aux premiers. Ces comparaisons sont d'autant plus factieuses, qu'elles tendent à aliéner des cœurs qui ne devraient jamais cesser d'appartenir à S. M., parce que la justice des motifs qui ont provoqués ces contradictions, n'est pas assez connue; les serviteurs fidèles, ainsi blessés, seront portés à l'égoïsme; ils ne regarderont plus l'intérêt de l'Etat comme leur premier mobile, puisque le gouvernement semble attacher peu d'importance à leur dévouement; car, le nombre des individus capables de faire le bien, pour le seul bonheur de le faire, est bien faible. Ceux qui ont servi pendant l'usurpation, en voyant des exceptions en faveur de quelques-uns d'entr'eux, concevront une juste jalousie, parce que, tant qu'il n'y a pas de décisions authentiques qui justifient ces exceptions, le gouvernement semble consacrer des droits généraux en leur faveur, pour le concours aux mêmes emplois. Voilà l'avantage éminent des cathégories qui ont été établies pour le classement des officiers de l'armée; par ce mode, d'une bienfaisante justice, la position de chacun d'eux, est déterminée d'après l'examen approfondi de leur conduite; ceux dont la conscience est pure ne sont point confondus avec ceux dont la France doit rougir, et ils ne concourent pas tous sur la même ligne pour l'activité de leur grade. Ce moyen calmera toutes les prétentions, car, tant que des individus d'une classe inférieure, et de même grade, n'auront pas été employés, ceux des clases supérieures ne se plaindront pas, et attendront patiemment leur tour; parce que, l'on ne se plaint jamais d'une règle commune, appliquée strictement sur tous les individus d'une même position.

Pourquoi donc n'aurait-on pas établi de semblables cathégories pour le civil ? Comment se fait-il que dans le même gouvernement, des fonctionnaires de divers ordres soient traités si différemment; que des mesures opposées soient adoptées par des ministères distincts, ou pour mieux dire que quelques-uns n'en adoptent aucunes pour l'intérêt des fonctionnaires qui en dépendent ? Est-ce dans l'instant où les mesures d'ensemble sont indispensables pour le salut de la France, que chaque ministère doit agir à sa mode ? Si les moyens que le ministère de la guerre a sagement employés ont été reconnus bons et utiles par S. M., comment celui de l'intérieur a-t-il pu persuader à notre bon Roi, également père de tous ses sujets, également juste pour tous, qu'il pouvait prendre, indistinctement et sans examen des droits relatifs des prétentions diverses, les premiers venus pour remplir les places d'administrateurs ; au risque évident d'être subjugué par les protections, séduits par l'astuce et l'intrigue et d'exciter le mécontentement, la haine de toutes les prétentions déchues ? Je ne crains pas de le dire, l'arbitraire et le défaut de mesure d'ensemble nous ont perdus en 1814 ; si l'on veut en 1816 assurer le repos de la monarchie et le bonheur des Français, il faut éviter ces abus si funestes.

Si l'on fait, pour toutes les autres places et dès la même époque un calcul semblable à celui que je viens de faire pour les sous-préfets, l'on verra que depuis celles de ministres et sénateurs ou pairs, jusqu'à celles des moindres garçons de bureaux, il y a au moins deux individus dépossédés par chaque place ; on doit faire attention que pour les emplois d'activité dans le militaire, cette proportion est certainement quatre fois plus forte ; qu'on ajoute à ce résultat en idée, l'immense quantité de fonctionnaires de tous genres supprimés, avec leurs emplois, soit à la chûte du grand empire, ou bien après les deux retours de S. M., et qu'on réfléchisse ensuite de sang froid, si l'on peut, à la masse d'individus dangereux en France par cela même que leur position est pénible, soit raisonnablement s'ils sont dans la misère, soit irrésonnablement, pour ceux dont l'ambition ou l'amour-propre seuls sont blessés ; et qu'on pense que tous ces individus ont des parens, des enfans, des amis, et qu'ils sont entourés de malveillans par haine et par caractère qui ne chercheront qu'à les aigrir contre le gouvernement. Cet état de choses est encore plus affligeant dans un moment où l'industrie n'a point encore ouvert tous ses débouchés, où la prospérité intérieure n'a pu verser dans toutes les classes une abondance qui permette de secourir les malheureux, et où ceux qui pourraient protéger les faibles sont encore tout occupés d'eux-mêmes, de se rétablir de tant de secousses et de se faire un nouveau lit.

Mon but en traçant ce long tableau de vicissitudes du sort pour une partie considérable de la population en France, est d'attirer l'attention du gouvernement et celle des hommes de bien sur cet état de chose si désolant ; d'abord, par la quantité de gens souffrans, ensuite par les difficultés qu'il peut offrir au gouvernement pour la pacification des esprits. J'en appelle aux ministres afin, qu'en réunissant leurs volontés ils adoptent tous un principe uniforme d'amélioration pour les positions individuelles que j'ai signalé, et rendent ainsi la sécurité, le bonheur à notre bon Roi, à nos Princes, qui s'occupent tant et si exclusivement du nôtre que chaque Français leur devrait, par reconnaissance et par le sentiment qu'inspirent tant d'infortunes, dont nous sommes coupables, le sacrifice individuel de tout esprit de parti. J'en appelle aux gens de bien, afin que par leurs exemples, leurs exhortations, leurs secours même, ils aident à calmer l'agitation, le mécontentement de ceux dont les positions sont pénibles.

Ce n'est pas en disant. — *Vous n'avez pas le droit de vous plaindre, vous l'avez bien voulu* que l'on calmera les esprits, qu'on guérira les cœurs ulcérés ; s'il n'y avait que quelques individus malades, on pourrait sans courir aucuns risques leur faire cette juste réponse, (car les fautes du ministère de 1814 n'effacent pas celles de tant de Français égarés ou criminels), mais il y aurait toujours du danger à aigrir une quantité de malheureux, dont beaucoup n'ont plus à perdre que leur vie. C'est en les exhortant à la patience, en rejetant sur les circonstances l'impossibilité où S. M. se trouve de réparer les malheurs privés, en leur rappellant cette amnistie qui les rétablit dans tous leurs droits à acquérir la confiance du Roi, qu'on parviendra à les calmer à les guérir : que le gouvernement adopte ensuite des règles générales, basées sur la justice des prétentions que donnent des services rendus et une expérience acquise, indistinctement, mais proportionnellement entre toutes les espèces de compétiteurs ; qu'il admette la progression dans les emplois comme base indispensable davancement, qu'il assure la stabilité des positions, de manière à ce que chaque ministre n'entraîne pas dans sa chûte, comme une rangée de capucins de carte, tous les fonctionnaires de son ordre ; qu'on laisse agir après cela cette douce influence que le Roi exerce si facilement sur tous les cœurs, et le besoin impétueux pour tout vrai Français, d'aimer, de chérir son Roi et ses Princes ; il ne faut pas d'autre recette pour rétablir la tranquillité dans le cœur de tant de Français aigris et malheureux.

Un faux système, le plus dangereux qu'on ait pu imaginer, pour quiconque réfléchira de bonne foi, à la quantité de prétentions déjà existantes en France, a fait penser qu'en mettant dans toutes les places des individus nouveaux ; c'est-à-dire, n'ayant occupés aucun emploi depuis la révolution, on assurerait la tranquillité intérieure ; ce système a trouvé de puissans appuis dans ceux qui avaient beaucoup de créatures à favoriser. Mais je le demande, quelqu'un de raisonnable a-t-il pu réellement penser, qu'en augmentant la masse des agités, on diminuerait l'agitation ? D'ailleurs à quoi bon introduire de nouveaux individus, lorsque dans la quantité de ceux qui ne sont pas employés, il est hors de doute qu'on peut y trouver plus de fonctionnaires qu'il n'en faut pour les places actuelles, qui, aux qualités qui doivent assurer la confiance du gouvernement, joignent la fermeté de caractère, les talens et l'expérience des hommes et des choses? Quel est l'homme impartial qui osera nier cette vérité? Or, dès qu'il n'est pas indispensable d'appeler de nouveaux sujets aux emplois, n'est-il pas impardonnable de ne pas chercher à satisfaire quelques-unes des prétentions justement offensées, et de leur donner la préférence sur des individus qui n'ont aucuns droits, parce qu'ils n'ont aucuns titres. Le gouvernement ne saurait trop penser à suivre ce principe d'une justice indispensable.

Il est aussi une autre genre de situation parmi

cette foule de gens, que les révolutions ont sorti du cours ordinaire des moyens d'existence, et qui doit appeler sur elle, toute l'attention du gouvernement. C'est celle d'une quantité assez considérable d'individus habitués à vivre au sein des troubles, à se nourrir des malheurs publics, à suivre les armées, et à s'engraisser comme les oiseaux de proies, du carnage des batailles, et de la misère des paysans; celle des soldats indisciplinés, corrompus par la licence, habitués à piller en France, comme dans l'étranger. Qui est-ce qui n'est pas frappé de la quantité de vols, de viols, d'assassinats, d'incendies qu'on apprend chaque jours par la voie des journaux, depuis plusieurs mois! Fruits inévitables de l'existence de cette espèce de gens au milieu de la société; aussi l'on ne pourrait trop désirer qu'une expédition dans le genre de celle que Sir Sydney-Smith a si sagement proposée au congrès de Vienne, pour assurer le repos de l'Europe, ait lieu pour expulser de France tous ces gens sans aveu, sans asile, sans moyens d'existence assurés, et qui pouvant facilement échapper à la sévérité des lois, peuvent transporter subitement d'un endroit à l'autre, l'alarme et la désolation.

FIN.

TABLE DES MATIÈRES.

www.ingramcontent.com/pod-product-compliance
Ingram Content Group UK Ltd.
Pitfield, Milton Keynes, MK11 3LW, UK
UKHW012222240726
13966UKWH00003B/894